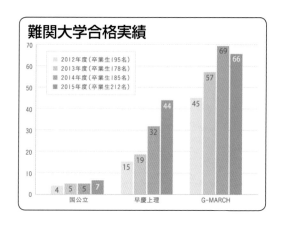

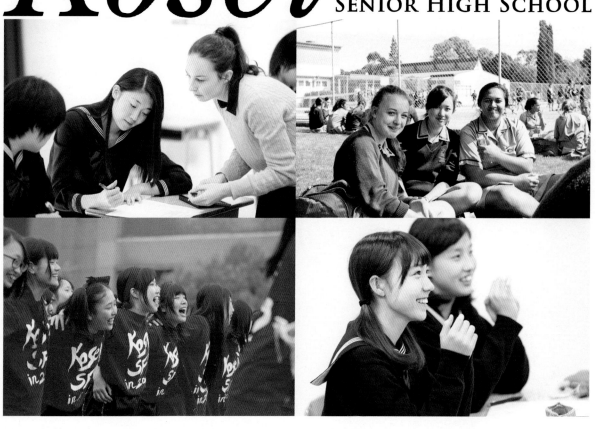

Success15 fifteen
サクセス15
November 2016
11
http://success.waseda-ac.net/

CONTENTS

中3対象　　難関校に合格するための最高峰の環境とシステム

必勝コース

必勝5科コース
筑駒クラス・開成クラス・国立クラス

必勝3科コース
選抜クラス・早慶クラス・難関クラス

早稲田アカデミーの必勝コースはここが違う！

講師のレベルが違う！

難関校入試のエキスパート講師陣

必勝コースを担当する講師は、早稲田アカデミーの最上位クラスを長年指導している講師の中から、さらに選ばれた講師陣が授業を担当します。

テキストのレベルが違う！

難関校の入試に対応した教材

過去十数年の入試問題を徹底分析し、難関校入試突破のためのオリジナルテキストを使用。今年の入試問題を詳しく分析し、必要な部分にはメンテナンスをかけて、いっそう充実したテキストになっています。

生徒のレベルが違う！

やる気を引き出すハイレベルな環境

必勝コースの生徒は難関校を狙うハイレベルな層。同じ目標を持った仲間と切磋琢磨することで成績は飛躍的に伸びます。

●2016年 高校入試合格体験記 ―必勝コースで合格した先輩のコメント―

筑波大駒場・開成

高槻 瞭大（国立筑波大附属中）

入塾の決断

僕は、中1準備講座から早稲アカに入塾した。早稲アカの環境は、とても恵まれたものだった。池袋本部校では、授業内外を問わず、僕のしつこい質問に、いつも答えてくれた先生方がいた。**必勝コースでも、本当に、素晴らしい先生方がおり、加えて優秀な仲間に囲まれて、切磋琢磨することができた。**あの時の決断は本当に正しかったと心から思う。

慶應女子・早大本庄

高橋 花梨（川崎市立玉川中）

2つの涙

思う様な結果が出せず何度も流した涙。私は憧れの志望校合格に向けて、多くの時間を使いました。発表の日、自分の番号を見つけ、あふれ出た嬉し涙。**私が合格できたのは、励まし支えてくれた武蔵小杉校や必勝の先生、そして家族のおかげです。**本当に感謝しています。早稲アカには最後まで諦めない環境があります。皆信じて頑張ってください。

慶應義塾・早実・早大学院・早大本庄

望月 ルーク（横浜市立美しが丘中）

成長、そして合格

私は中1から早稲アカに通っていました。最初は勉強に対して真剣になれず、テストでも偏差値は30台しか取れませんでした。しかし、中3になって先生たちに叱咤激励されて、それからは積極的に勉強に取り組みました。**自分以上の学力を持つライバルと夏期合宿や必勝コースで競い合い、かつては夢であった早慶に合格できました。**早稲アカに感謝！

中3対象　　合格ライン突破を目指して、弱点科目を徹底的に学習

土曜集中特訓

9月開講　**土曜実施**

開成国立	慶應女子	早 慶	難 関
午前 英語・数学・国語 午後 理社 （午前と午後に1講座ずつ選択できます）	午前 英語 午後 国語	午前 英語・数学・国語 （1講座選択）	午前 英語・数学 （1講座選択）

●2016年 高校入試合格体験記 ―土曜集中特訓を受講した先輩のコメント―

慶應女子・早大本庄

茂木 優（朝霞市立朝霞第五中）

感謝

私は中1の時に入塾し、下から2番目のクラスからスタートしました。そんな私でしたが、最上位クラスまで上がり、質の高い授業を受けることで成績が伸びました。第1志望校を決めたのは中3の12月でギリギリでしたが、**志木校の先生をはじめ、必勝や土特の先生、応援してくれた友達、そして両親のおかげで合格できました。**ありがとう早稲アカ！

早大本庄・青山学院

江口 綾果（四街道市立四街道西中）

まさかの合格！

私が早稲アカに入ったとき、早大本庄に合格できるとは思っていませんでした。**校舎の先生や必勝、土曜特訓の先生に支えられて3年間受験勉強を続けてくることができました。**過去問や模試で点数がとれなくて泣いたり悩んだりした時、先生はいつも助けてくれました。先生方の存在なくして、この合格はなかったです。本当に感謝しています。

土曜集中特訓の特長

- 早稲田アカデミーが誇るトップ講師陣が直接指導
- 開成・国立・慶女・早慶・難関私立入試の傾向を踏まえたオリジナルテキスト
- 開成国立クラスでは、12月以降に徹底した予想問題のテストゼミを実施

お問い合わせ、お申し込みは
早稲田アカデミー各校舎までお願いいたします。　早稲田アカデミー　検索

知る 探る 究める

栄東のアクティブラーニング!!

◆クイズ研究部

◆鉄道研究同好会

◆20年後の履歴書

◆アメリカAL

アーチェリー 野球
チアダンス サッカー
水泳 硬式テニス
コーラス 茶道
美術 理科研究
競技数学 書道
…

研究論文
ジョブコンテンツ
栄東読書100選
ブックマイスター
ビブリオバトル
…

◆地歴AL

発想力 論理力
創造力 思考力
表現力 読解力
…

◆京都AL

◆オーストラリアAL

AL

クラブ

キャリア

教科

校外・校内

◆校外ALin三宅島

京都AL
河口湖AL
奥武蔵AL
信州AL
…

栄東中学・高等学校

〒337-0054 埼玉県さいたま市見沼区砂町2-77（JR東大宮駅西口 徒歩8分）

◆アドミッションセンター TEL：048-666-9200 FAX：048-652-5811

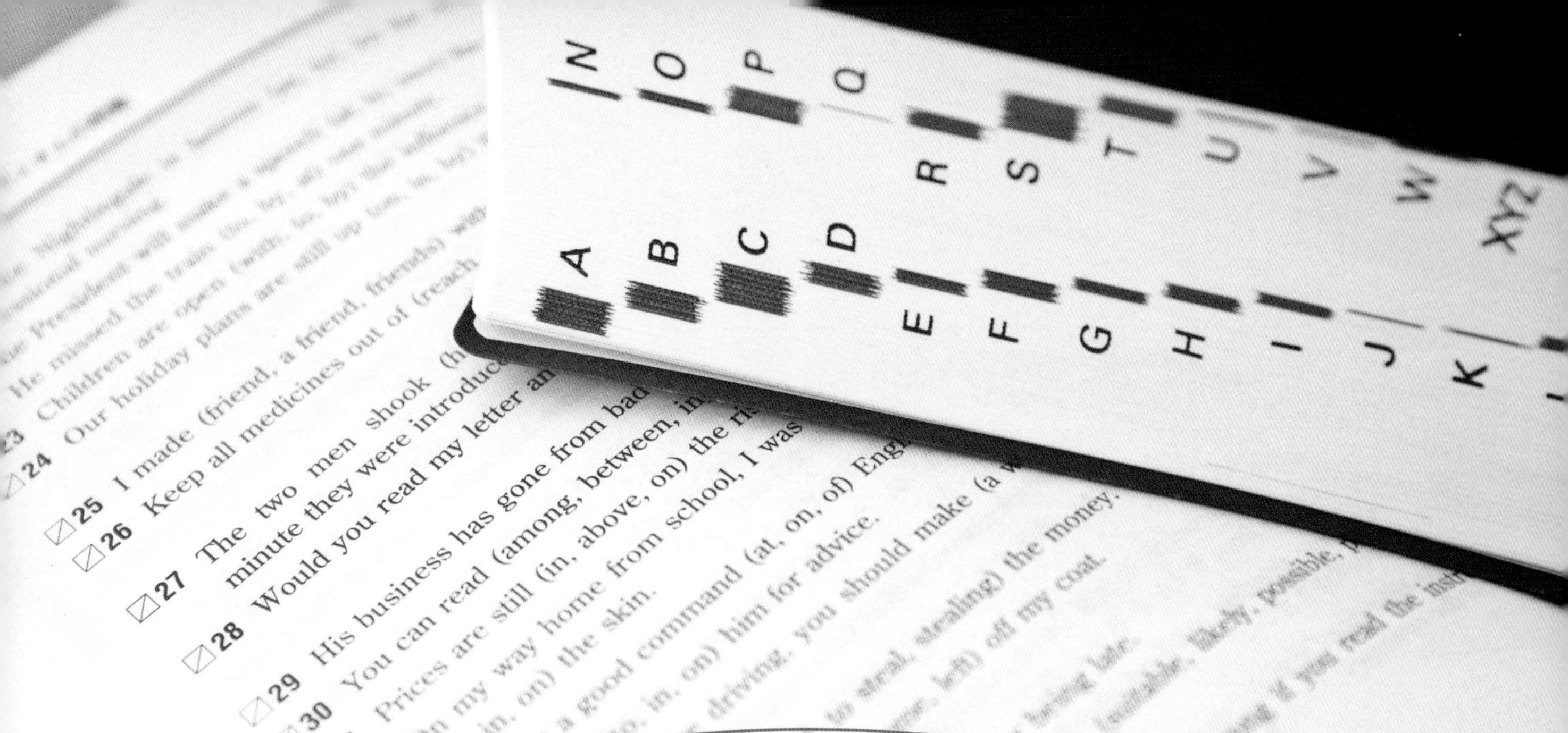

つまずきやすい単元はここ！

ポイントを押さえて英語を学ぼう

みなさんは英語を勉強していて「苦手だな」と感じる単元はありますか。例えば「名詞の複数形」「不定詞と動名詞」「現在完了」などは多くの人がつまずきがちです。しかし、そうした単元も大切なポイントを整理して押さえることで取り組みやすくなるはずです。今回は、苦手とする人が多い単元を学年別に3つずつ紹介し、勉強のポイントをまとめました。英語が苦手な人はもちろん、得意な人も復習をかねて読んでみてくださいね。

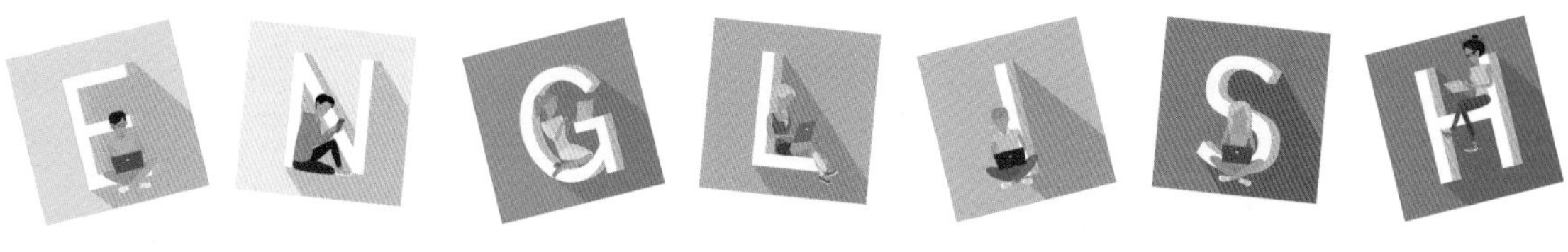

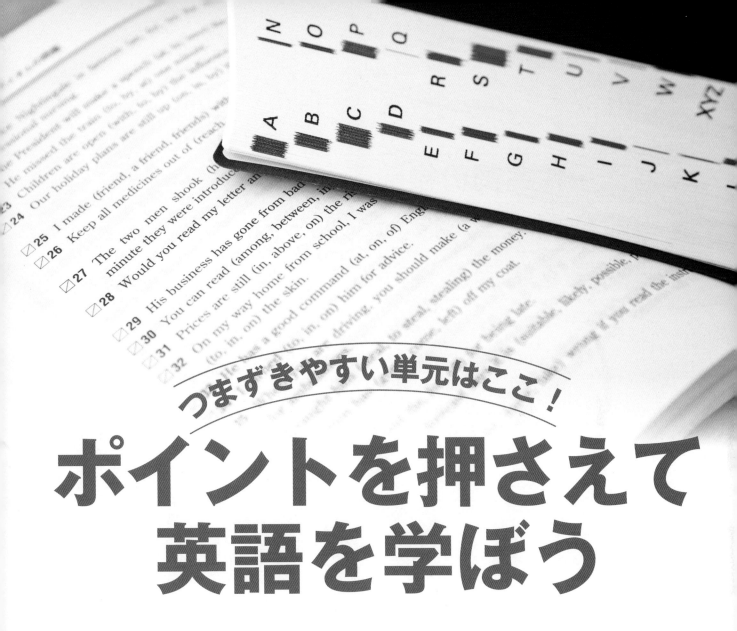

★名詞・代名詞の複数形

★一般動詞（三人称・単数）

★疑問詞で始まる疑問文

（　中１の段階では、英語が持つ法則性にとまどう人が多いようです。でも、原則さえ押さえてしまえば大丈夫ですから、しっかり身につけておきましょう。　）

名詞・代名詞の複数形

例外は語尾に特徴がある

英語の名詞（ものの名前）は、数えられる名詞（可算名詞）と数えられない名詞（不可算名詞）に分かれます。はっきりした形のあるbook、penなどが可算名詞で、waterやloveのようにはっきりした形のないものが不可算名詞です。

可算名詞の複数形には、原則として名詞のあとに「s」をつけます。book→books、pen→pensとなります。

例外があり、語尾が「s ／ x ／ sh ／ ch ／ o」などのときには「es」をつけて複数形とします。bus→buses、box→boxes、dish→dishes、bench→benches、potato→potatoesなどです。なお、pianoやradioは語尾が「o」ですが複数形はsをつけるだけでpianos、radiosとなりますので注意しましょう。

また、語尾が「子音字＋ｙ」のときはy→iにしてesをつけます。city→citiesとなります。さらに語尾が「f ／ fe」のときはf、feをvにしてesをつけて複数形にします。leaf→leaves、knife→knivesなどです。ただしroof（屋根）はｆで終わりますが、複数形はroofsです。

そして複数形が不規則に変わるものがあります。man→men、foot→feet、child→childrenなどがその例です。fish→fishのように単数も複数も同じ形の名詞もあります。

代名詞の複数形もしっかりと覚えましょう。

we、you、they、そして人ではないものを示すitの複数形はtheyです。さらにこれらの代名詞の所有格（～の）、目的格（～に）、所有代名詞（～のもの）もしっかり覚えましょう。we ／ our ／ us ／ ours、you ／ your ／ you ／ yours、they ／ their ／ them ／ theirsと変化します。

一般動詞（三人称・単数）

sのつけ方は名詞と似ている

am、are、isなどのbe動詞に対して、live、study、runなどの動作を表す動詞を一般動詞といいます。

この一般動詞の用法としては、主語がI、Youなら動詞はそのまま使用し、I、You以外の主語は、単数なら動詞に「s」をつけます。主語が複数のときには動詞はそのままです。

You live in Tokyo.
（あなたは東京に住んでいます）
He lives in Tokyo.
（彼は東京に住んでいます）
They live in Tokyo.
（彼らは東京に住んでいます）
のように使われます。

これらをまとめると、「主語が３人称（I、You以外）・単数形で現在のことを表す（現在形）ときには、一般動詞にsがつく」ということになります。この三人称・単数の現在形において、動詞へのsのつけ方は、名詞の複数形と似ています。

基本原則は、動詞にsをつけるだけです。run→runs、live→lives、play→playsなど。

語尾が「s／x／sh／ch／o」などのときにはesをつけます。wash→washes、watch→watches、go→goes、do→doesなど。

また、動詞の語尾が「子音字＋y」のときはy→iにしてesをつけ、study→sutudiesとなります。なお、haveだけはhasとなりますので注意が必要です。

疑問詞で始まる疑問文

whoにおける動詞に注意

when（いつ）、where（どこで）、who（だれが）、what（なにを）、why（なぜ）、how（どのように）などの疑問詞を文頭において疑問文を作ることができます。

疑問文：Where does she live？
（彼女はどこに住んでいますか）
答　え：She lives in Tokyo.
（彼女は東京に住んでいます）

といった形です。ただし、whoだけは疑問文ですが、動詞に「s」がついた文となるので注意を。

疑問文：Who uses this computer？
（だれがこのコンピューターを使うのですか）
答　え：Mr.Brown does it.
（ブラウンさんです）

これらのほか、単独の疑問詞として、which（どちらの）、whose（だれのもの）などもあります。

さらに、疑問詞のあとに語を補っての疑問文もよく用いられます。

おもなものとしては、what time（時刻を問う「何時」）、what day（何曜日）、how old（年齢を問う「何歳」）、how long（どれくらいの長さ、期間）、how often（何回）、how much（値段が「いくら」）、how far（どのくらいの距離）、how many（個数を問う「いくつ」）などがあるのでしっかり押さえましょう。

疑問文：How many pens do you have？
（あなたはペンを何本持っていますか）
のように使われます。

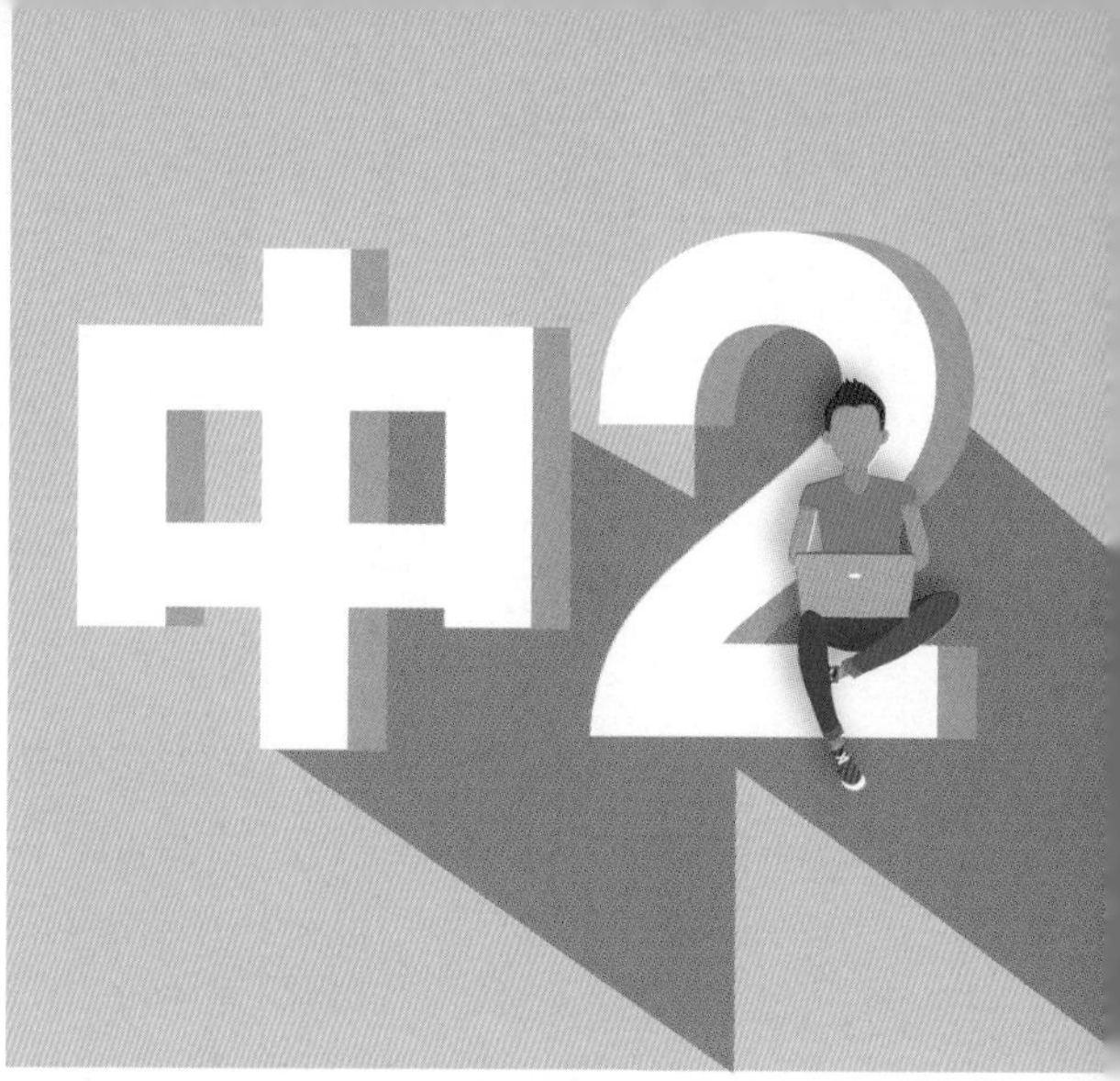

★不定詞・動名詞

★接続詞

★比較

中2でつまずく人が多い単元は、パターンの使い分けがカギとなるものです。どの用法をどんなときに使うのか、混乱しないように整理しておくことが大切です。

不定詞・動名詞

動詞によって異なる4通りの使い方

「to＋動詞の原形」を不定詞、「動詞のing形」を動名詞といいます。どちらも「〜すること」と名詞的に用いられる点が特徴です。苦手な人も、それぞれの使い方の違いと見分け方をきちんと整理すれば大丈夫。この機会にマスターしてしまいましょう。

不定詞と動名詞に関しては、次の4通りのパターンがあります。

1）後ろが動名詞になる動詞

enjoy、finish、mindなど。

We enjoy swimming.

（私たちは水泳を楽しみます）

×We enjoy to swim.

2）後ろが不定詞になる動詞

want、need、hope、plan、meanなど。

He wants to read the book.

（彼はその本を読みたがっている）

×He wants reading the book.

3）動名詞も不定詞も両方使える動詞

begin、like、start、loveなどは動名詞も不定詞もどちらも使える動詞です。

I like to swim. = I like swimming.

（私は水泳が好きです）

と両方用いることができます。

4）動名詞と不定詞で意味が変わる動詞

remember、try、forgetなど。

remember 〜ing＝〜したことを覚えている

remember to 〜＝(これから)〜するのを覚えている

のような違いがあります。

接続詞

語・句・節の関係性に注目

語と語、句と句、節と節などを結びつける働きをするのが接続詞です。

結ぶ内容が対等な関係の場合と、一方が主で他方がそれを補う働きの場合があります。前者を等位接続詞、後者を従位接続詞と呼んで区別しています。

1）おもな等位接続詞はand、or、but、for、soの5つ

I tried my best and passed the exam.
（私は全力を尽くし、そして試験に受かった）
Will you go by bus or train？
（バスで行きますか、それとも列車ですか）

２つの例文とも、and、orの前後の内容は、ほぼ同じ比重（対等）で結ばれています。

また、等位接続詞のandやorはboth、eitherなどと結びついて、both A and B（AもBも両方とも）やeither A or B（AかBのどちらか）という用法もあります。

2）一方が主で他方が補う働きの従位接続詞は数多い

if、while、after、before、as、sinceなど、従位接続詞は多数あります。

If it is fine, let's go swimming.
（もし晴れたら、泳ぎに行こう）

この例文の場合、「泳ぎに行こう」が主たる内容で、「もし晴れたら」は補う役割です。

比　較

マスターする表現は３つ

比較には３つの表現があります。用法の違いなどをきちんと押さえておきましょう。

1）比較級の文…比較級＋than＋比べる相手

形容詞・副詞を比較級にして、比べる相手をthan ～として文尾におきます。

Tom is taller than Ken.
（トムはケンより背が高い）
Mike runs faster than Jim.
（マイクはジムより速く走る）

2）最上級の文… the 最上級＋of（またはin）～

〈of～の場合〉

ofのあとは「the＋数字」、「all＋複数名詞」などで「～人のなかで」、「すべての～のなかで」。

Ken is the tallest of the three.
（ケンは３人のなかで一番背が高い）

〈in～の場合〉

inのあとは「場所」、「組織」などがきます。

Ken is the tallest in our school.
（ケンは私たちの学校のなかで一番背が高い）

比較級・最上級はつづりの長い語はmore、mostをつけます。また、一部の語は不規則変化をします。

good－better－best、well－better－best、bad－worse－worst、little－less－leastなどの不規則変化は高校受験に必須ですので必ず覚えましょう。

3）原級の文…as＋原級＋as

「同じくらい～である」ことを示します。

This book is as interesting as that one.
（この本はあの本と同じくらいおもしろい）

★分詞

★関係代名詞

★現在完了

中3では、前後の文脈や語句による判断が必要なこれらの単元でつまずきがちです。難しく感じる人も多いと思いますが、ここでもう1度ポイントを確認しておきましょう。

分　詞

位置は修飾する語によって異なる

分詞には現在分詞と過去分詞があり、それぞれ現在分詞、過去分詞どちらも、形容詞の働きをして、名詞を修飾（説明）することがあります。

1）現在分詞の形容詞的用法　「～している…」

a)「現在分詞＋名詞」

Look at that sleeping dog.

（あの眠っている犬を見なさい）

※sleepingがdogを前から修飾しています。

b)「名詞＋現在分詞＋…」

さらに、現在分詞のほかの語もいっしょに修飾する場合には、名詞の後ろに現在分詞とほかの語が置かれます。

Look at that dog sleeping by the door.

（ドアのそばで眠っているあの犬を見なさい）

※by the doorが加わったことでdogを後ろから修飾しています。

2）過去分詞の形容詞的用法「～された…」

a)「過去分詞＋名詞」

It is difficult to understand spoken English.

（話された英語を理解することは難しい）

※spokenが前からEnglishを修飾しています。

b)「名詞＋過去分詞＋…」

現在分詞と同じように、過去分詞の場合にもほかの語とともに名詞を修飾するときは、名詞の後ろに置かれます。

This is a book written in English.

（これは英語で書かれた本です）

※in Englishがあるため、bookの後ろから修飾することになります。

関係代名詞

先行詞によって使い分けが決定

文のなかで「主語＋述語」を備えた部分（節）が名詞を修飾するものを関係代名詞といいます。よりわかりやすくいえば「２つの文を１文で表現」するのが関係代名詞です。

１）主格の関係代名詞

I have a friend.

He can speak English well.

という２文があるとき、これを１文にして「私は英語を上手に話せる友人がいます」という文にします。

I have a friend who can speak English well.

ここでwhoが関係代名詞で、修飾されるa friendを先行詞といいます。主格の関係代名詞は修飾される名詞（先行詞）が人のときはwhoまたはthat、ものや動物のときにはwhichまたはthatを使います。

２）目的格の関係代名詞

I know the girl.

I met her yesterday.

という２文を関係代名詞で１つの文にして「私は昨日会った少女を知っています」という意味の文にします。

I know the girl that I met yesterday.

ここで先行詞the girlがmeの目的語となるので、thatを目的格の関係代名詞といいます。目的格の関係代名詞は、先行詞がもののときにはwhich、人またはもののときはthatを用います。

現在完了

意味は使われる語句から判断できる

現在完了は、「主語＋have[has]＋過去分詞」の形で表されます。意味内容は、「継続」・「経験」・「結果・完了」に分かれます。これらの区別は、ともに使われる語句や文脈から判断していきます。

１）「継続」…「ずっと〜している」

I have lived Tokyo for fifteen years.

（私は東京に15年間住んでいます）

「継続」の意味で用いられるとき、for 〜（〜の間）、since 〜（〜からずっと）などが使われます。

２）「経験」…「〜をしたことがある」

I have met Ichiro twice.

（私はイチロー選手に２回会ったことがある）

「経験」の意味のとき、before（前に）や、回数を表すonce（１回）、twice（２回）、many times（何度も）などが使われます。

３）「結果・完了」…「〜してしまった、ちょうど〜したところだ」

She has already bought the CD.

（彼女はすでにそのＣＤを買ってしまった）

They have just got to the station.

（彼らはちょうど駅に到着したところだ）

「結果・完了」を意味するときには、already（すでに）、just（ちょうど）、yet（もう、まだ）などの単語が用いられます。

未来に向かう行く先を照らすのは、
あなたという光です。
二松學舍大学附属高等学校
http://www.nishogakusha-highschool.ac.jp/

基礎知識＆日本人受賞者

ノーベル賞について知ろう

世界で最も価値のある賞とも言われるノーベル賞。この号が発売されるころには、今年の受賞者も決定していますね。いったいどんな結果になっているのでしょうか。

さて、一昨年、昨年と2年連続で日本人が受賞したことは記憶に新しいところですが、みなさんはこれまでの日本人受賞者の名前と功績を答えられますか？　今回の特集は、世界に誇る日本人・日本出身者の名前・業績を覚えるチャンスです。以下にノーベル賞の基礎知識も掲載していますので、そちらもチェックしてみてください。

ノーベル賞とは？

ノーベル賞は、ダイナマイトなどの発明によって莫大な富を得たスウェーデン出身のアルフレッド・ノーベルの遺言と遺産によって創設されました。彼は自分の遺産をもとに基金を作り、その利子を毎年次の5分野において人類に最大の貢献をもたらした人物に送る、という旨の遺言を残したのです。

5分野とは、物理学、化学、生理学・医学、文学、平和のことです。1901年に行われた第1回の授賞式から毎年、これらの分野で多大な功績を収めた人物に対して授与されています。1968年には経済学賞が追加され、現在は6分野になりました（経済学賞はノーベルの遺言には書かれておらずスウェーデン国立銀行が設立した賞であるため、厳密にはノーベル賞には分類されないという説もあります）。

受賞資格は、受賞が発表された時点で生存していることのみ。国籍や人種、性別などは関係ありません。これまでにはレントゲン、アインシュタイン、キュリー夫妻、キング牧師などが受賞しており、日本人も24人が名誉ある賞に輝いています。なお、次のページで日本人受賞者の詳細をまとめています。

各章の受賞者は、10月から順々に発表されます。共同研究による場合は、1度に3人まで同時受賞できます。選考基準は非公開で、受賞の50年後まで明らかにされることはありません。選考の流れとしては、まず選考を担当する組織（物理学賞、化学賞、経済学賞はスウェーデン王立科学アカデミー、生理学・医学賞はカロリンスカ研究所、文学賞はスウェーデン・アカデミー、平和賞はノルウェー・ノーベル委員会）が、各分野の専門家や過去の受賞者に受賞候補者の推薦依頼書を送付。その後、返答により集まった候補者を徹底的に調査し、ノーベル賞にふさわしい人物を絞り込んでいきます。

授賞式は毎年12月10日に、平和賞を除く各賞はスウェーデン・ストックホルムで、平和賞のみノルウェーのオスロにて行われます。この日はノーベルの命日でもあります。受賞者には、賞金（約1億円。共同研究の場合は分配）やメダル、賞状が贈られます。授賞式後には国王をはじめ多くの人々が参加する晩餐会が開かれ、受賞者を祝います。また、授賞式前後の期間は通称ノーベルウィークと呼ばれ、受賞者による記念講演会など色々な行事が行われます。

日本人（日本出身者）ノーベル賞受賞者

ここでは、これまでにノーベル賞を受賞した日本人（日本出身者）を紹介します。過去５年間の受賞者については詳しく紹介し、過去２年間については写真も掲載しています。

by Bengt Nyman

大村《おおむら》 智《さとし》

2015年
生理学・医学賞受賞
北里大学特別栄誉教授

長年微生物の研究を続け、480種以上の新規化合物を発見。なかでも、寄生虫駆除に有用な有機化合物の発見と、それをもとに開発された抗寄生虫薬は、線虫の寄生で引き起こされる感染症の治療薬となり、多くの人々を救っています。その功績が認められ、受賞となりました。

提供：名城大学/AP/アフロ

赤﨑《あかさき》 勇《いさむ》

2014年
物理学賞受賞
名城大学終身教授

「高輝度・低消費電力の白色光源を可能とした高効率青色LEDの発明」で、2014年にノーベル物理学賞を受賞しました。現在広く使われている青色LEDの開発・量産につながる窒化ガリウムの研究など、基礎研究からの貢献が高く評価されました。

by Bengt Nyman

梶田《かじた》 隆章《たかあき》

2015年
物理学賞受賞
東京大学宇宙線研究所長・教授

ニュートリノに質量があることを示すニュートリノ振動を発見し、カナダの研究者とともにノーベル物理学賞を受賞。ニュートリノとは物質を構成する一番小さな単位である素粒子の一種です。また、2002年にノーベル物理学賞を受賞した小柴昌俊のもとで学んだ経歴があります。

by Glenn Beltz

中村《なかむら》 修二《しゅうじ》

2014年
物理学賞受賞
アメリカ・カリフォルニア大学
サンタバーバラ校教授

赤﨑氏、天野氏とともに青色LEDの発明で物理学賞を受賞。日亜化学工業在籍時に高輝度青色LEDを発明・開発し、青色LED製品化に貢献したことが評価されました。その後、アメリカのカリフォルニア大学サンタバーバラ校の教授に就任。アメリカ国籍も取得しました。

写真：新華社/アフロ

天野《あまの》 浩《ひろし》

2014年
物理学賞受賞
名古屋大学特別教授

赤﨑氏と同様の理由で2014年にノーベル物理学賞を受賞。名古屋大学での学生時代に赤﨑氏の研究室で学んだ教え子でもあります。「当時だれも成功していなかった」ことと、「人の役に立つことをしたかった」ことが青色LEDを研究テーマに選んだ理由だと語っています。

根岸《ねぎし》 英一《えいいち》

2010年　化学賞受賞

アメリカ・パデュー大学特別教授

50年間、アメリカの大学で有機化学の研究を続けてきた化学者です。パラジウム触媒を用いて炭素同士をつなぐクロスカップリング反応を開発し、鈴木章氏とともに受賞。

鈴木《すずき》 章《あきら》

2010年　化学賞受賞

北海道大学名誉教授

有機ホウ素化合物を使って、異なる２つの有機化合物の炭素と炭素を結合させるクロスカップリング反応を開発し受賞。その技術は医薬品や農薬、液晶テレビの材料などに応用されています。

山中《やまなか》 伸弥《しんや》

2012年　生理学・医学賞受賞

京都大学iPS細胞研究所所長・教授

ヒトの皮膚細胞から、あらゆる組織や臓器に分化し、高い増殖能力を持つ「人工多能性幹細胞（iPS細胞）」を作り出す技術を開発し、成熟細胞が初期化され多能性を持つことの発見で受賞しました。

その他の受賞者

大江《おおえ》 健三郎《けんざぶろう》　1994年　文学賞受賞

作家

生命と寓話が凝縮した世界を創造した作品を発表したことが受賞理由。国内でもさまざまな賞を受賞。

利根川《とねがわ》 進《すすむ》　1987年　生理学・医学賞受賞

理化学研究所脳科学総合研究センター長

日本人初のノーベル医学生理学賞受賞者です。免疫抗体の多様性を解明したことが受賞理由です。

福井《ふくい》 謙一《けんいち》　1981年　化学賞受賞

故人

化学反応における分子軌道の研究を行っていた化学者。受賞内容は「フロンティア軌道理論」の提唱です。

佐藤《さとう》 栄作《えいさく》　1974年　平和賞受賞

故人

1964年（昭和39年）～1972年（昭和47年）までの首相で、非核三原則に基づく外交が評価されました。

江崎《えさき》 玲於奈《れおな》　1973年　物理学賞受賞

横浜薬科大学長

半導体における「トンネル効果」を発見しました。その功績が認められ、受賞にいたりました。

川端《かわばた》 康成《やすなり》　1968年　文学賞受賞

故人

大正から昭和にかけて活躍した作家です。代表作に『伊豆の踊子』や『雪国』などがあります。

朝永《ともなが》 振一郎《しんいちろう》　1965年　物理学賞受賞

故人

「超多時間理論」と「くりこみ理論」により、量子電気力学に関する業績が認められました。

湯川《ゆかわ》 秀樹《ひでき》　1949年　物理学賞受賞

故人

日本人で初めてノーベル賞を受賞。受賞内容は、中間子という未知の粒子の存在を予言したことです。

南部《なんぶ》 陽一郎《よういちろう》　2008年　物理学賞受賞

故人

素粒子論を専門とした理論物理学者。「対称性の破れ」を発見しました。

小林《こばやし》 誠《まこと》　2008年　物理学賞受賞

高エネルギー加速器研究機構特別栄誉教授

素粒子の一種であるクォークが３世代以上あると予言した1973年発表の「小林・益川理論」で受賞。

益川《ますかわ》 敏英《としひで》　2008年　物理学賞受賞

名古屋大学特別教授

京都大学で助手を務めていた1973年当時の理論が評価され、小林誠氏と共同で受賞しました。

下村《しもむら》 脩《おさむ》　2008年　化学賞受賞

アメリカ・ボストン大学名誉教授

クラゲから「緑色蛍光タンパク質GFP」を発見した功績が認められ、受賞となりました。

小柴《こしば》 昌俊《まさとし》　2002年　物理学賞受賞

東京大学特別栄誉教授

カミオカンデという観測装置を発明し、素粒子の一種・ニュートリノを観測した功績が認められました。

田中《たなか》 耕一《こういち》　2002年　化学賞受賞

島津製作所シニアフェロー

民間企業に勤めるエンジニアであり化学者。たんぱく質の質量分析技術を開発したことにより受賞。

野依《のより》 良治《りょうじ》　2001年　化学賞受賞

理化学研究所理研フェロー

対称的な構造の化学物質を作り分ける技術「不斉合成」の開発によりノーベル化学賞を受賞しました。

白川《しらかわ》 英樹《ひでき》　2000年　化学賞受賞

筑波大学名誉教授

当時の常識を打ち破る「電気を通すプラスチック」を合成したことが評価され、受賞へとつながりました。

グローバル教育出版の本

新刊案内

「先生を育て学校を伸ばす」ベテランが教える

生徒を育て、人を育て、そして、自分を育てる 先生のための本

学校が伸びる

教員は、生徒に向ける関心こそが、自己の生徒指導の方法を磨いていくのだということに気づくべきです。生徒に「目をかけ、心をかけて」育てていくことで、教員自身も育てられているのです。それがひいては、学校を伸ばすことにつながります……著者

淡路雅夫 著

先生！子どもが元気に
育っていますか?

A5判　160ページ　1,500円＋税

淡路雅夫（あわじ・まさお）
淡路子育て支援教育研究所主宰。私立浅野中学・高等学校の前校長。現在は、國學院大學教職特別講師、関東学院大学非常勤講師、東邦大学教職アドバイザーなどを務め、講演・執筆活動を通して私学支援を行う。専門分野は子どもの教育・福祉を中心とした家族・親子問題。

ISBN978-4-86512-058-5

この本は 先生のための「教科書」であり「強化書」である

森上教育研究所 所長 森上展安

http://www.g-ap.com

グローバル教育出版　〒101-0047 東京都千代田区内神田2-4-2 グローバルビル　電話 03-3253-5944　Fax 03-3253-5945

東大百景
トーダイってドーダイ!?

インターンで社会人を先取り体験

VOL.8　text by ケン坊

秋の到来を感じる今日このごろ。今回は私が夏休みに経験したインターンのお話をします。まずはみなさんが聞き慣れないであろうインターンとはなにかを解説します。

就職活動、いわゆる就活は普通、大学4年生の時期に始まります。しかしいきなり「入りたい企業を探して応募しろ!」と言われてもイメージがわきませんよね。そんな学生のために用意されているのがインターンです。就活が始まる前に、企業で実際に社員と同じ仕事が体験できるのです。おもな対象は大学3年生で、期間は1日~1週間程度のものから数カ月~1年にわたるものまで多岐にわたります。短期間の場合は、グループワークによるコンテスト形式で行われることが多いです。

この夏休みに私もいくつかインターンに参加しました。なかでもとくにおもしろかったのが、班のメンバー5人で企業から出されたお題について話しあい、最後に社員の方々の目の前で発表するというものです。

そのお題は「ある有名企業(ここでは具体的な会社名は伏せます)が2020年に500億円の利益を生み出せるような戦略を考えなさい」というものでした。2020年というといまからたった4年しかありません。その間に500億円(1万円札500万枚ぶんです!)の利益を出せと言われているのです。

そのほかに条件などは与えられませんでした。それはつまり、必要な情報は全部自分たちで調べるようにということを意味しています。インターンの期間は3日間でしたが、2日目の夜からはほぼ徹夜。24時間営業のファミレスにて、班のみんなでひたすら頭を働かせていました。

最終的になんとか1つの案にまとめることができたのですが、その過程で班のメンバー(初めて会った人たちです)とも遠慮無く意見を出しあったことできずなも深まりました。また、色々な情報を調べていくうちに、なぜかインドでのスマートフォンの利用の現状についてかなり詳しくなってしまいました(笑)。もちろんその会社が普段どんなことをしているかも知ることができて、本当にいい経験になりました。

みなさんも将来どんな職業に就くのかわからず不安に思うこともあるかもしれませんが、インターンをはじめ、大学にはさまざまな職業について知る機会があるので、ぜひ活用してみてください!

今月のすごい東大生

ダンスバトルで日銭を稼ぐバックパッカー

今回紹介するのはSくんです。彼はダンスが好きで以前はダンスサークルに所属していたのですが、「ここはオレのいるべき場所ではない」となんとも大物感あふれる言葉を残しサークルをやめてしまいました。

そんなSくんは昨年2週間ほどフィリピンに旅に出ました。お金もほとんど持たずに、バックパック1つだけを背負って…。彼がフィリピンから帰ってきたときにどうやって生活していたのか尋ねたところ、「毎日ストリートでダンスバトルを仕掛けて日銭を稼いでいた。あまり儲からなかった日は野宿するときもあった」と驚きの答えが返ってきました。

言葉が通じなくても自分の思いを全身で表現できるダンスというツールを用いて、現地の人とコミュニケーションをとり、さらに生活費も稼いでいたSくん。私だったら怖くて、バックパック1つで旅になんか出られません…。彼はいま長期の留学(今度はちゃんとお金も荷物も用意して(笑))に行っているのですが、帰国したときにどんな成長を遂げているのか非常に楽しみです。

帝京はかわる 君は伸びる

帝京《ていきょう》高等学校

実はよく知られていない帝京高校

帝京高校、名前は全国区だと言ってもいいでしょう。ただ、それについて入試広報部長の上瀧栄治先生は次のように語っています。

「修学旅行に行くと、地方の見ず知らずの方からも『帝京さんですか』と声をかけられることがあります。それは生徒たちにとって嬉しくもあり、誇りにも感じているようです。ただ、それは野球やサッカーによる知名度であって、どうも多くの方々に帝京はスポーツの学校だと思われているようですが、それは違います。本校でスポーツ中心の学校生活を送っている生徒は全体のごく一部ですし、ほとんどのクラブでは高校からその競技を始めたという生徒が大半を占めています。

また、帝京高校は帝京大学の付属校のイメージで見られることも多いのですが、これも違います。確かにグループ校に入学が優遇される制度はあります。この制度を使えば書類審査だけで入学が優遇されるわけですから、とりわけ看護や薬学といった医療系にニーズがあることも事実です。3年間ほぼオール5を取り続けて医学部に入っている生徒などもいます。しかし、全体で見れば、それらは一部にすぎません」

帝京高等学校（共学校）
http://www.teikyo.ed.jp
〒173-8555
東京都板橋区稲荷台27-1
TEL.03-3963-4711
FAX.03-3963-6415
＜学校説明会＞
10月15日 土 13：30～
10月30日 日 11：00～
11月12日 土 13：30～
11月20日 日 11：00～
11月26日 土 13：30～
12月 3日 土 13：30～

実は進学に力を入れている帝京高校

では、帝京高校とはどのような学校なのでしょうか。上瀧先生は「発展途上の進学校」という言い方をしています。

「従来から進学には力を入れてきました。毎年、夏休みには100近い講座を開講し、3年次には受験型に合わせて自分で時間割を組めるカリキュラムを整え、推薦・AO入試対策としての小論文指導などは徹底して少人数で行ってきました。その結果、多くの生徒が高校入学時の成績から予想されるよりも上位の大学に進学しています。しかし、これからはより一層『選ばれる学校』を目指していかなければならないということで、数年前より様々な改革を行ってきました」と上瀧先生。

特進コース一期生躍進

帝京高校は3年前に「特進コース」を開設しました。このコースは学校生活の

内フィールドワークが行われます。佐倉市内にある国立歴史民俗博物館やイスラムについて学べる東京ジャーミイ・トルコ文化センターを訪問したり、千葉大で留学生と交流します。また国内フィールドワークは理数科の生徒も参加できます。

さらに、海外SGH研修として指

施設

明治時代に建造された校舎は国の登録有形文化財に指定され、現在も校長室や応接室として使われています。また、日本初の蘭和辞典『ハルマ和解』などの貴重な資料を保管する地域交流施設や分野別の実験室、講義室、準備室がそろう理科館なども特徴的です。

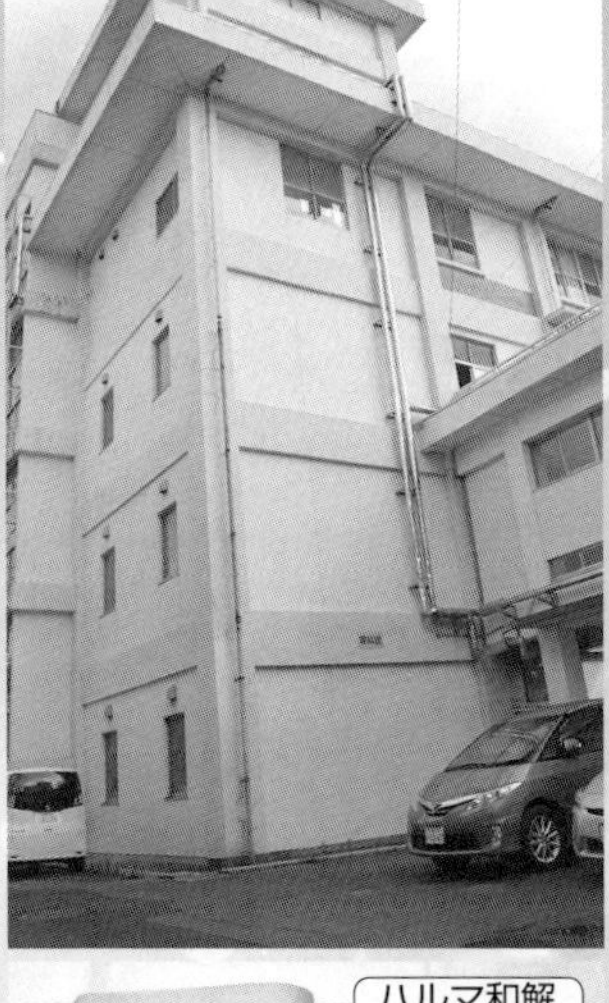

理科館

応接室

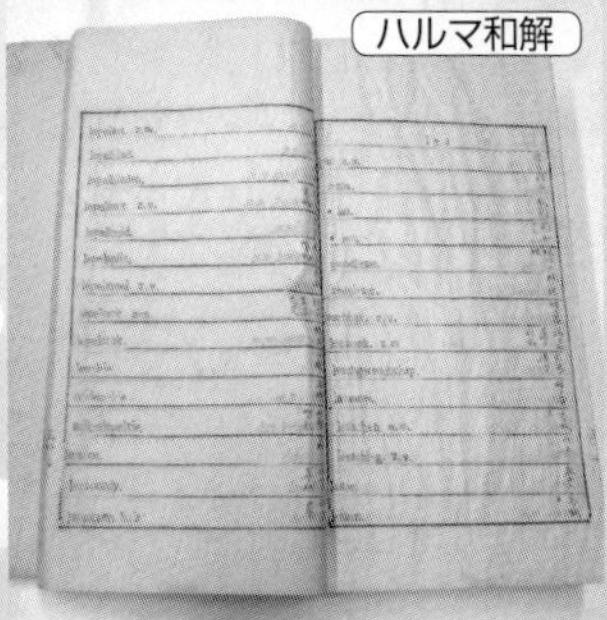

ハルマ和解

地域交流施設

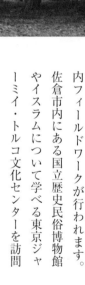

定前から行われていたオランダ派遣やオーストラリア短期研修に加え、ドイツ、シンガポール、イギリスへも新たに生徒を派遣する予定です。「生徒たちはこれからの時代を担う存在ですから、世界に目を向けて積極的に海外に出てほしいです。外から日本を見て初めてわかることもあるでしょう。これまでとは違った視点で日本を見る姿勢が必要です。

今年度の1年生には、SGHに特化したグローバルクラス（Gクラス）を設けました。英語がかなりできる生徒が集まっています。SGHの成果を全国で発表する際は、Gクラスを中心に取り組ませようと考えています。SGHとしての現在の目標は、1年生全員が英検2級を取ること、日本の歴史、伝統、文化のなかから1つ分野を決めて英語で紹介できるようにすること、国際問題やビジネス課題など、今後の研究活動におけるテーマを決めることです。」（髙橋校長先生）

未来の科学者を育てる 理数科のプログラム

一方理数科では、全員がSSH活動に取り組みます。テーマは「未来の科学者を育てるリアルサイエンスプログラムの開発」です。「SS（スーパーサイエンス）数学」「SS化学」などの学校設定科目を学ぶとともに、課題研究と発表が課されます。

1年次は「佐倉サイエンス」で、数学の研究や理科の実験・観察の手法やデータ分析の基礎を学びます。こうして課題研究における基礎を身につけたうえで、各自がテーマを設定し、2・3年次の「SS課題研究Ⅰ」「SS課題研究Ⅱ」に取り組みます。

課題研究以外では、「佐倉アクティブ」が行われています。これは、大学や企業、研究所の方々から先進的な科学技術を学ぶ「SSH講座」、群馬県の県立ぐんま天文台、尾瀬ヶ原などを訪れ、科学的なものの見方や考え方を養う「国内サイエンスツアー」、シンガポールで現地の学生と交流し、課題研究の成果を英語で発表する「海外研修」を行うプログラムです。「SSH講座」には普通科の生徒も参加できます。

「7月に行ったSSH講座では、大学の教授から、英語で論文を書くためのレクチャーを受けました。実際に教授の論文を読ませてもらいながら、理系の論文を書くにあたって、難しいのは薬品名などの単語であって文法は難しくない、授業で習う文法をしっかりと身につけておけば論文が書ける、ということを教えても

SSH

SSH活動には、大学や研究機関等での講座、シンガポールへの海外研修、国内サイエンスツアーなどのプログラムがあります。

SGH

SGHの取り組みの1つとして、オランダへ生徒を派遣しています。国際青少年会議に出席し、他国の学生と英語で交流します。

らいました。」（髙橋校長先生）

発信型の能力を育てる アクティブラーニング

普通科、理数科ともにSGH、SSHの魅力あるカリキュラムが組まれている佐倉高。特徴的なのはGL、SSの科目だけではありません。

「本校では、『佐倉高流アクティブラーニング』として、ペアワークやグループワークを積極的に行い、必ず生徒に発表させる時間を作っています。人に教えたり、発表したりすることが、知識の定着度が一番高いと言われているので、多くの教員が実践しています。」（髙橋校長先生）

こうした質の高い授業を基本としながら、進学講習も充実しています。長期休業中はもちろん、放課後や早朝、高3には昼休みにも、通年で講習が実施されています。

進路指導では、定期考査や実力テスト、全国模試で個々の成績を管理します。そのデータをもとに面談を重ね、第1志望校合格に向け生徒を全力でサポートしています。また、さまざまな分野で活躍する同窓会の方々を招いた「ようこそ先輩」などのプログラムも用意されています。

「佐倉高流アクティブラーニング」を実践し、SSHに加え、SGHの

学校生活

佐倉高には、同好会を含め42の部があり、ほとんどの生徒がいずれかに入部しています。行事も盛んで、お化け屋敷や演劇などを行う鍋山祭（文化祭）、クラス対抗で実施し、両方の点数を合計して総合優勝を決める球技大会と体育祭などがあります。

取り組みも始まり、今後の教育に注目が集まる千葉県立佐倉高等学校。

最後に髙橋校長先生は「本校ではただ偏差値をあげるためだけの指導はしません。大学入学後、『佐倉高から来た生徒はちょっと違う、大学での学習や研究に積極的に取り組むうえに、ディスカッションができる、プレゼンテーションがうまい、論文が書ける』と言われるような発信型コミュニケーション能力が高い生徒を育てています。独自のアクティブラーニングの授業を受け、SSH、SGHにもかかわることになるので、あらゆる分野にチャレンジし努力できる、やる気のある生徒さんに入学してほしいです。本校での3年間は忙しいですよ」と話されました。

2016年度(平成28年度)大学合格実績 ()内は既卒

大学名	合格者	大学名	合格者
国公立大学		私立大学	
北海道大	5(3)	早稲田大	51(21)
東北大	2(0)	慶應義塾大	8(3)
筑波大	8(0)	上智大	26(7)
埼玉大	9(5)	東京理科大	55(17)
千葉大	50(7)	青山学院大	23(7)
東京大	2(1)	中央大	44(17)
東京外大	2(1)	法政大	85(23)
東京学芸大	1(1)	明治大	73(18)
一橋大	1(0)	立教大	59(14)
横浜国立大	1(1)	国際基督教大	1(0)
京都大	1(0)	学習院大	31(9)
その他国公立大	32(12)	その他私立大	464(102)
計	114(31)	計	920(238)

生徒主体の創造的教育をつくる

第一志望大学への現役進学を力強くサポートする3つのコース

知の構造を革新　S特コース
グローバルな探究力を育て、
東大などの最難関国立大を目指す

本質的な学びを育成　特進コース
自ら学ぶ力を高度に育て、
難関国公立大・早慶上理を目指す

自ら考える力を育成　進学コース
高度な基礎学力を育て、
GMARCH・中堅私大を目指す

高等部教育方針

自ら考え学ぶ」力を養う授業と、論理的探究力や問題発見・解決力、表現力を養
探究」(S 特)、「ライフスキル」(特進・進学)の授業により、難関大進学はもちろ
将来も自分自身を成長させ続けられる自ら考え学ぶ創造的学力を育成します。
さらに、豊かな人間力を培うオリジナルテキスト「人間力をつける」により、その
をグローバル社会に活かし、貢献できる人間力を育てます。

特進・進学コースの取り組み

への強い関心を持たせると同時に、高度な基礎学力と基礎学習力を育てます。
、目標に向かう意欲を高めることにより、グローバル社会に貢献できる資質や
を培います。授業では、自分で考えることによる知識や考え方を学び取る学
繰り返しなどによる着実な積み上げ学習を大切にし、それらを関連付けて学ぶ
的学力へと発展させ、第１志望大学への現役進学を実現します。

特進・進学コースの学び

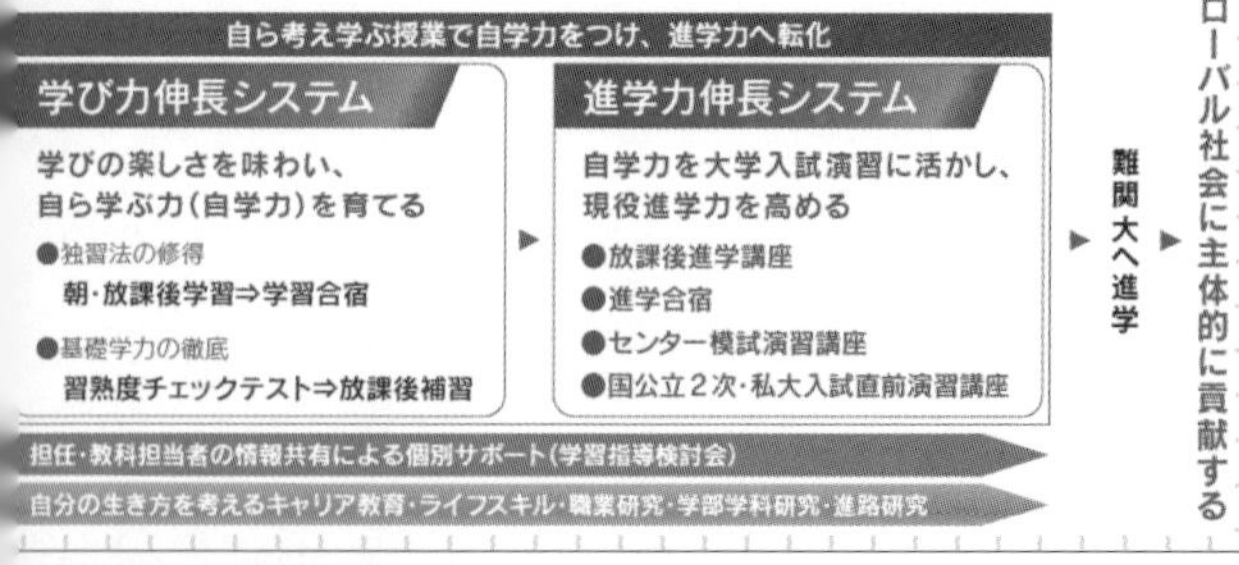

◆安田学園、躍進!!

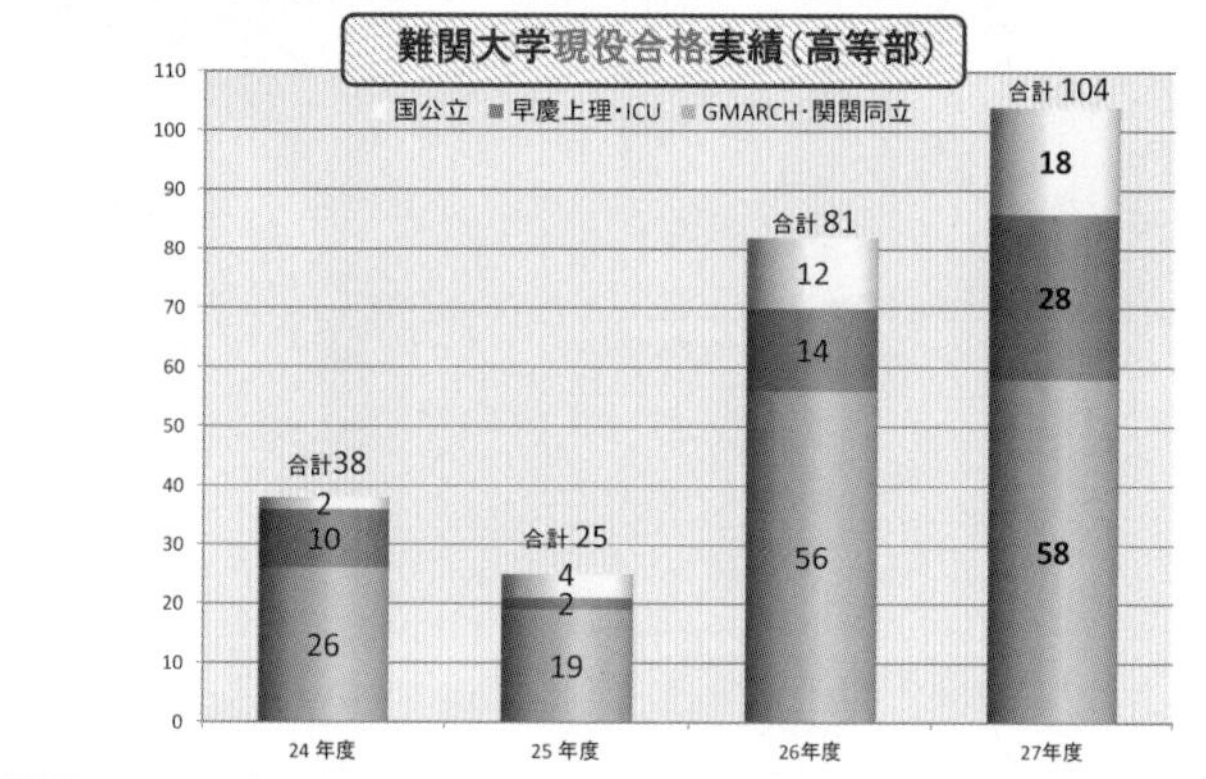

◆S特コースの取り組み

S 特コースでは「一人ひとりに最適なアシストを」をスローガンに、放課後の弱点克服講座や進学講座(約２時間)、夏・冬休みの『東大対策講座』などきめの細かい補習・講座を数多く用意しています。
また、入学直後の生徒は能力も得意・不得意科目も人それぞれです。その生徒一人ひとりに対し「高校生としての」学習法や「自ら考え学ぶ」とはどういうことなのかをレクチャーする入学前の【事前全体説明会】を皮切りに、S 特コーススタッフ全員の熱意あふれる万全なサポート体制で生徒一人ひとりの目標の実現を応援していきます

探 究　S特コース

1・2年で行われる「探究」の授業では、自分なりの疑問を見つけ、それについての仮説を立て、検証を行うというサイクルを体験していきます。その過程を通じて、より高次なレベルの疑問が生まれ発展していくといった創造的思考力が育まれていきます。1年次では、文系・理系のそれぞれの実際のテーマでのグループ探究を通し探究基礎力を習得、論文を作成します。2年次には、それを英訳しシンガポールにおいて現地大学生にプレゼン、そのテーマについてディスカッションします。そしてこれらの集大成として個人でテーマを決めて探究を行い、安田祭で発表します。

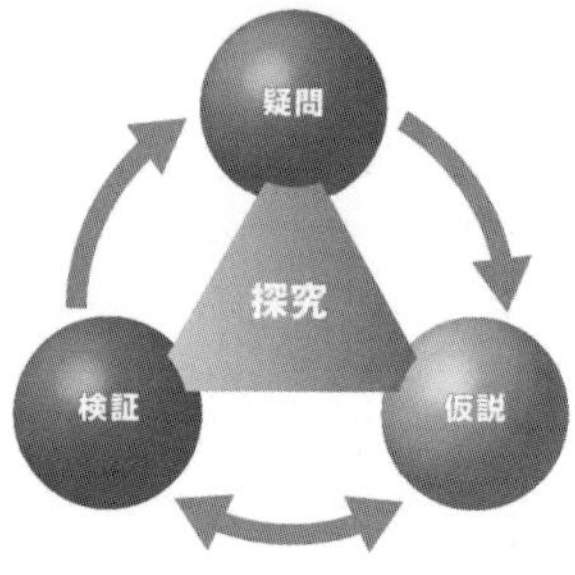

平成29年度 高校入試 学校説明会(予約不要)

11月５日(土) 14:30～
12月３日(土) 14:30～ ※入試対策あり
11月26日(土) 14:30～ ※入試対策あり
個別相談会 11月19日(土) 14:30～17:00

安田祭(文化祭)
10月29日(土)・10月30日(日)
10:00～15:00
入試相談会を開催します
※掲載している日程以外でも学校見学個別相談ができます。
事前にお電話でお申し込みください。
※各回とも入試相談コーナーを設けております。
※予約申込方法など詳細は本校ホームページをご覧ください。

安田学園高等学校
〒130-8615 東京都墨田区横網2-2-25
E-mail nyushi@yasuda.ed.jp
入試広報室直通　0120-501-528　FAX.03-3624-2643
交通アクセス　JR両国駅から徒歩6分　都営大江戸線両国駅から徒歩3分
ホームページ　http://www.yasuda.ed.jp/　安田学園　検索

教えてマナビー先生！

世界の先端技術

▶マナビー先生 プロフィール

日本の某大学院を卒業後、海外で研究者として働いていたが、和食が恋しくなり帰国。しかし科学に関する本を読んでいると食事をすることすら忘れてしまうという、自他ともに認める“科学オタク”。

pick up!!

Knocki（ノッキ）

リモコンはもういらない 家電は壁や机をノックして操作

テレビを見るときはリモコンを使うよね。遠く離れていても、チャンネルの切り替えや音量の調節ができて便利だ。だけど、はじめは使い方に慣れるまで面倒だし、リモコンがなにかの陰に隠れてしまったりすると家族みんなで探すことになる。そのせいでドラマの一部を見逃したり、好きなグループの歌を聴き損なったりしてイライラしたこと、ないかな。

今回紹介するのは、机や壁など、どこにでも置いたり、くっつけたりするだけでその壁面をリモコンにしてしまうKnocki（ノッキ）という装置だ。

化粧品のフタみたいなKnockiを壁に張りつけるだけで、壁そのものがリモコンに早変わり

アイデアはシンプルだ。手のひらに収まってしまう大きさの化粧品のフタみたいなKnocki【写真】を、例えば壁に張りつけて、その壁をたたくだけ。その振動をKnockiが検出し、Wi-Fi（無線LAN）経由でさまざまな指令を出してくれるんだ。例えば、２回たたくと明かりが点灯したり、消灯できたりする。３回たたくとテレビがOn/Offできる。このように、10種類の使い方を覚えさせることができる。

使い方は自由だ。ベッドがある部屋に取りつければ、寝るとき、起きるときに必要なことを指令することができる。電気を消す、テレビをつける、エアコンの温度を下げる。

お風呂場で音楽を聴くのが好きな人なら、音楽を変えたり、音量を調節したり、音楽を止めたりできる。

Knockiは、家にWi-Fi（無線LAN）が引かれているところならどこでも使うことができる。Knockiが作られたアメリカでは、Knockiでコントロールできる家電やソフトウェアがどんどん増えているそうだ。部屋ごとに取りつける必要もあるけど、価格は１台7500円ぐらいと安価に抑えられている。

いま、声でコントロールできる装置も増えているよね。でも、その装置に声が届かなくては役に立たない。周りがうるさいと作動しなかったり、指令の声がほかの人にも聞こえて迷惑だ。もともと、音声コントロールの技術は複雑なのでまだミスも多い。でも、Knockiならばそんな心配はいらない。

また、Knockiのメリットは“ノックする”という、ほとんどの人にとって容易な動作がスイッチとして使えるようになる点だ。だから、ハンディキャップを持った人でも簡単に使うことができる。ライトを点灯させるためにスイッチのある場所まで行かなくて済むので、車いすに乗った人などにはとても便利だ。

日本にも普及して、机や壁をたたくだけで色々なものをコントロールしてみたいね。だれだ、トントンとたたくだけで宿題をやってほしいなんて言っているのは。

Pick up School

佼成学園高等学校

男子校

KOSEI GAKUEN High School

School Information
Address
東京都杉並区和田2-6-29
TEL
03-3381-7227
URL
http://www.kosei.ac.jp/kosei_danshi/
Access
地下鉄丸ノ内線「方南町駅」徒歩５分

難関国公立コース新設
充実のＩＣＴ教育も

「男子校」「少人数制」「進学校」という特長を持つ佼成学園高等学校（以下、佼成学園）。昨年度から、「難関国公立コース」と「文理コース」という2つのコース制度を導入し、新たなスタートを切りました。今回は「難関国公立コース」の特徴とともに、日々の学習を支える充実のＩＣＴ教育も合わせてご紹介します。

難関国公立大学現役合格をめざすハイレベルなコース

佼成学園は、これまでも丁寧な教育を実践することで、多くの卒業生を志望大学の合格へと導いてきました。近年、国公立大学をめざす生徒が増えてきたことから、今回のコース制度改革では、難関国公立大学の合格を目標とする「難関国公立コース」を設置しました。

国公立大・私立大の合格をめざす「文理コース」で1年次は高校入学生と中高一貫生は別のクラス編成となりますが、「難関国公立コース」は、1年次から高校入学生と中高一貫生の成績上位者が混在しています。異なる環境で学んできた生徒が「難関国公立大学現役合格」という目標に向かってともに勉強することで、モチベーションを高める狙いがあり、コース新設2年目の今年は、高校入学生25名と中高一貫生14名でスタートしています。どの生徒も意識が高く、彼らは互いに刺激しあえるよき仲間となっているそうです。

このコース最大の特徴は、放課後に無償で行われる「トップレベル講習」が用意されていることです。千歳烏山にある佼成学園女子高等学校（以下、佼成女子）に出向き、佼成女子の生徒と合同で講習を受けるというもので、講習内容はその名の通り、難関国公立大受験に対応できる力を養うような、ハイレベルな内容を扱っています。1年は最大週3日、2・3年は最大週4日履修することができ、講習は、佼成学園・佼成女子それぞれの学校からベテラン教員と大手予備校の一流講師が担当します。

佼成女子と合同の「学習合宿」も年に2～3回実施しています。それぞれの学校や宿泊施設に泊まり込んで、朝から晩まで集中して勉強し、さらなる学力の向上をめざします。

合宿には6～7人のチューターもフル参加してくれます。

難関国公立コースの生徒たち

チューターとは、難関大に通う佼成学園の卒業生であり、放課後や長期の休みには自習室に常駐して勉強のことはもちろん、勉強以外のことも相談できる頼りになるアドバイザーです。チューターにお世話になった在校生が大学生になると、今度は自分がチューターになって後輩をサポートするなど、先輩から後輩へといい循環が受け継がれているのも佼成学園の特徴でしょう。

先輩から後輩へのアドバイスといえば、「東大に入ろうゼミ」もあります。東大に入学した佼成学園の卒業生が、受験体験や大学での学びとはどのようなものかを話したり、参加者からの質疑応答を受けたりするイベントです。

「東大生の彼らが1年のときから勉強ばかりしていたわけではないという話を聞いて、生徒は『自分にもめざせるんじゃないか』と、前向きな気持ちを持てるんです。東大に合格するのは特別に選ばれた子だけではないんだ、というのを感じてもらいたいですね。」（青木謙介教頭先生）

さらに、奨学資金を使って大手予備校の講座を受けられる「スカラシップ制度」もあります。

このように、さまざまな取り組みが用意されていますが、なかには、クラブ活動に熱心に取り組みたいという生徒もいます。そのため、「トップレベル講習」などの取り組みを強制受講しなければならないということはありません。クラブ活動を頑張りたい生徒は、進路指導部と相談しながら、いまの自分に必要な講座をとっていくことも可能です。1人ひとりに寄り添った指導を貫いているのが、「難関国公立コース」なのです。

東京大学合格の瞬間

主体的な学習を実現する 佼成学園のICT教育

昨年度から1年生全員に1人1台iPadを配付、各教室には最新型の電子黒板型プロジェクターとスクリーンを完備し、最先端のICT教育環境を整えた点も魅力的です。

佼成学園では、ICT（Information & Communication Technology）の利用において、ICTのC、コミュニケーションを重視しており、これらの機器は、主体的に学ぶ姿勢を育むツールであるとともに、コミュニケーションを活発に行うツールとしても期待を寄せられています。

例えば、iPadには、教員、生徒、保護者が互いにコミュニケーションをとれるアプリが入っており、教員が生徒にお知らせを一斉発信したり、クラスやクラブなどのグループ内でメッセージをやりとりしたり、日々の学習記録をつけたりと、さまざまな場面で活用されています。もちろん、学校内は無線のインターネット設備が整っているため、どこでも気軽にiPadを利用でき、その使い方はさらなる広がりを見せそうです。

また、プロジェクターや電子黒板を導入したことで、これまで以上に授業を円滑に進められるようになりました。iPadと連動した相互通行型授業や調べ学習、プレゼンテーション活動の積極的な導入にも役立っています。

青木教頭先生は、「自分の手でノートをとることも大切だと思いますので、ICT機器の便利な面をうまく取り入れつつ、これまでの教育で大事にしてきたことも継承していきます」と話されます。学びの本質を大切にしながら、現代で活躍するために必要なスキルを養っていく佼成学園のICT教育は今後ますます発展していくことでしょう。

1人1台のiPadを有効活用して授業が進められます

難関国公立大学現役合格という目標達成に向けて努力を惜しまない生徒が集まる新コースと、21世紀型能力を育むICT教育で、充実した学校生活を送ることができる佼成学園高等学校。「1人ひとりの未来につながる3年間」（青木教頭先生）を過ごせる注目の1校です。

佼成学園高等学校入試情報

入試日程

推薦入試　1月22日(日)
(作文･面接)
第1回一般入試　2月10日(金)
第2回一般入試　2月11日(土)
(第1回、第2回ともに国語･数学･英語…各50分)
※入学金･授業料が免除になる特待合格あり

タブレット授業公開

両日とも10:40～12:30
10月15日(土)　11月12日(土)

入試問題解説会・学校説明会 ※要予約

11月23日(水祝)　12月 3 日(土)

イヴニング説明会 ※要予約

11月25日(金)　11月29日(火)
12月 1 日(木)

ファイナル相談会

1月13日(金) 13:00～18:00
1月14日(土)　9:00～12:00
1月15日(日)　9:00～12:00

詳しくはHPをご覧ください。

模試との上手な向き合い方は人生そのものにも役立つ

始まったばかりと思っていた2学期も、
あっという間になかばを過ぎました。
数えてみると、受験本番まであと約100日。模試を受けるときも、
これまで以上に緊張感が高まりますね。そんなみなさんに、
模試との上手な向き合い方をアドバイスします。

和田式教育的指導

模試の結果で志望校を諦める必要はない

前回は、模擬試験（以下、模試）の結果をどう受け止めるかについてお話ししました。偏差値よりも自分の得点に注目し、できた問題・できなかった問題を確認することをアドバイスしましたが、実行できているでしょうか。今回のテーマは、模試そのものとの向き合い方です。

模試というのは、中3生はもちろん、高3生や浪人生など、受験生ならだれにとっても、自分の力を試すよい機会です。

しかし、「問題が難しかったからこの学校は諦めよう」「D判定だったから志望校を変えよう」というように、その手応えや判定結果を、志望校選択の判断材料としてしまうのは考えものです。模試はあくまでも、本番を真似て作られているだけで、本番の入試とは異なるものであることを忘れてはなりません。

模試の位置づけは公立校と私立校で違う

模試の結果があてになるか否かは、公立校と私立校で異なります。はっきり言うと、志望校が公立校ならある程度あてにしていいと思いますが、私立校なら過度にあてにするのはよくありません。その理由についても説明しましょう。

公立校の入試問題は、独自問題を実施する学校もありますが、基本的に実施される地方公共団体ごとに全校で統一されています。

模試についても、各都県ごとに本番の形式と似た公立校向けのものが行われます。つまり、模試の結果がある程度、参考になるといえるわけです。

一方、私立校の場合、本番の入試問題は各校で異なります。

ですから、大学受験でいう「東大模試」のように、特定の学校の過去問を分析し、出題傾向に合わせて作られた模試でない限り、本番の形式と必ずしも似ているとは限りません。

私立校向けの模試では、その結果が本番の結果と結びつくとは一概にいえないのです。それよりも、志望校を決める段階で、その学校の過去問をチェックすることをおすすめします。

中級

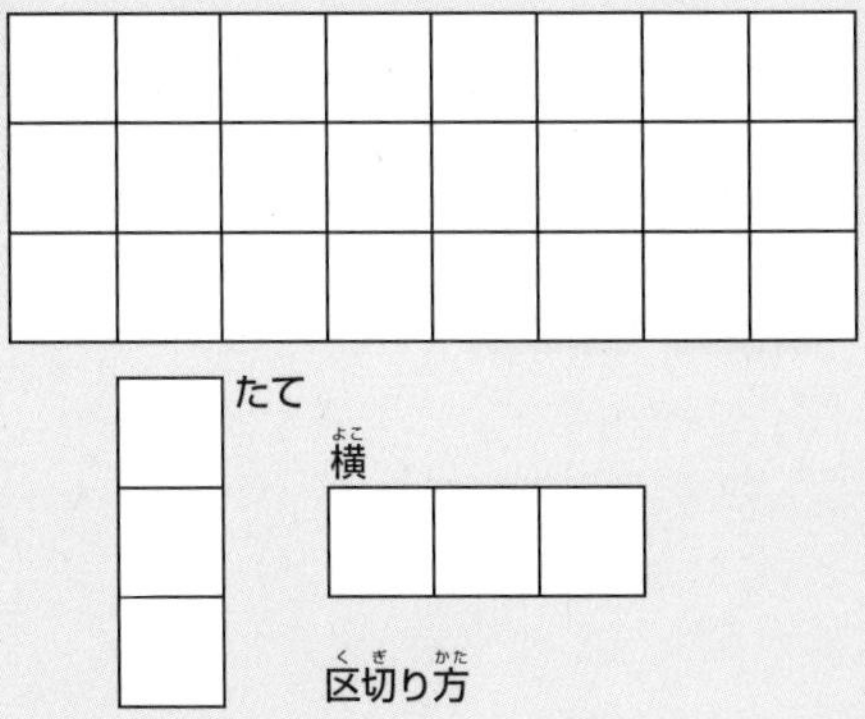
たて
横《よこ》
区切《くぎ》り方《かた》

これは算数オリンピックの問題です。

同じ大きさの正方形のマス目が縦3列、横8列あります。

これを縦に3マスか横に3マスの形に区切っていきます。

全部で何通りの区切り方がありますか。ただし、回転したり裏返して重なるものはすべて同じもの（合わせて1通り）として数えます。

A
答えは… 4通り
これだけでしょ？

B
答えは… 8通り
合ってるかな…？

C
答えは… 10通り
計算が間違っていなければ！

初級

Aくん、Bくん、Cくん、Dくん、Eくんの5人がいます。「Aくんより背の高い人が3人いるよ」「BくんはAくんより高いよ」「Cくんは1番目でも、3番目でもありません」「Dくんは2番目か4番目に高いです」「Eくんは一番高くはありません」と教えてくれました。さて、Eくんは身長が一番高い人から数えて何番目ですか？

A
答えは…
3番目

B
答えは…
4番目

C
答えは…
5番目

上級

正解は C

４個の整数から２個を取り出して和を作るとき、
$1+a$、$1+b$、$1+c$、$a+b$、$a+c$、$b+c$の６個になります。
与えられた不等式からわかることは
$1+a<1+b<1+c$（$<a+c$）、
（$1+b<$）$a+b<a+c<b+c$となるので、
１番小さいものは$1+a$、２番目に小さいものは$1+b$、
１番大きいものは$b+c$、２番目に大きいものは$a+c$
と確定します。この時点で残りの$1+c$、$a+b$の大小は不明です。
そこで、"場合分け"をして考えます。
（あ）$1+c<a+b$のとき、６個の数を小さい順に並べると
$1+a$、$1+b$、$1+c$、$a+b$、$a+c$、$b+c$となります。
「$1+a$から$b+c$までのすべての整数の値が得られる」という条件から各数字は１ずつ増えるので
（$1+a$）$+1=1+b$つまり$a+1=b$
（$1+b$）$+1=1+c$つまり$b+1=c$
（$1+c$）$+1=a+b$つまり$2+c=a+b$
（$a+b$）$+1=a+c$つまり$b+1=c$
（$a+c$）$+1=b+c$つまり$a+1=b$
となります。
求めると$a+1=b$、$b+1=c$、$2+c=a+b$を満たすa、b、cを求めると
$a=3$、$b=3+1=4$、$c=3+2=5$となります。
（い）$1+c=a+b$のとき
（あ）と同じように、６個の数を小さい順に並べると・・・
$1+a$、$1+b$、$1+c=a+b$、$a+c$、$b+c$となります。
これらは、１ずつ増えるので
（$1+a$）$+1=1+b$つまり$a+1=b$
（$1+b$）$+1=1+c=a+b$
$a=2$、$b=3$、$c=4$となります。
（う）$1+c>a+b$のとき
６個の数字を小さい順に並べると
$1+a$、$1+b$、$a+b$、$1+c$、$a+c$、$b+c$となります。
（あ）（い）と同じようにして
（$1+a$）$+1=1+b$つまり$a+1=b$
（$1+b$）$+1=a+b$つまり$a=2$
（$a+b$）$+1=1+c$つまり$c=a+b$
（$1+c$）$+1=a+c$つまり$a=2$
（$a+c$）$+1=b+c$つまり$a+1=b$
を解いて
$a=2$、$b=3$、$c=5$となります。
以上（あ）～（う）より、
（a、b、c）＝（3、4、5）、（2、3、4）、（2、3、5）の３通りとなります。

A
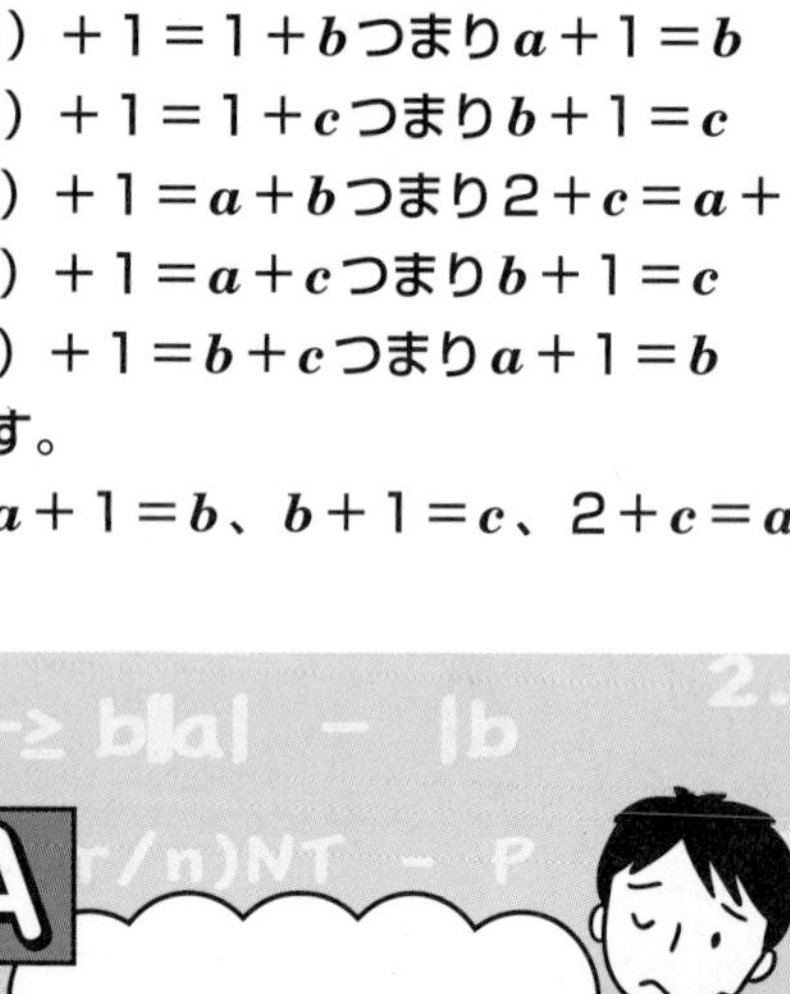
すぐに決めつけちゃ
ダメだぞ。

B
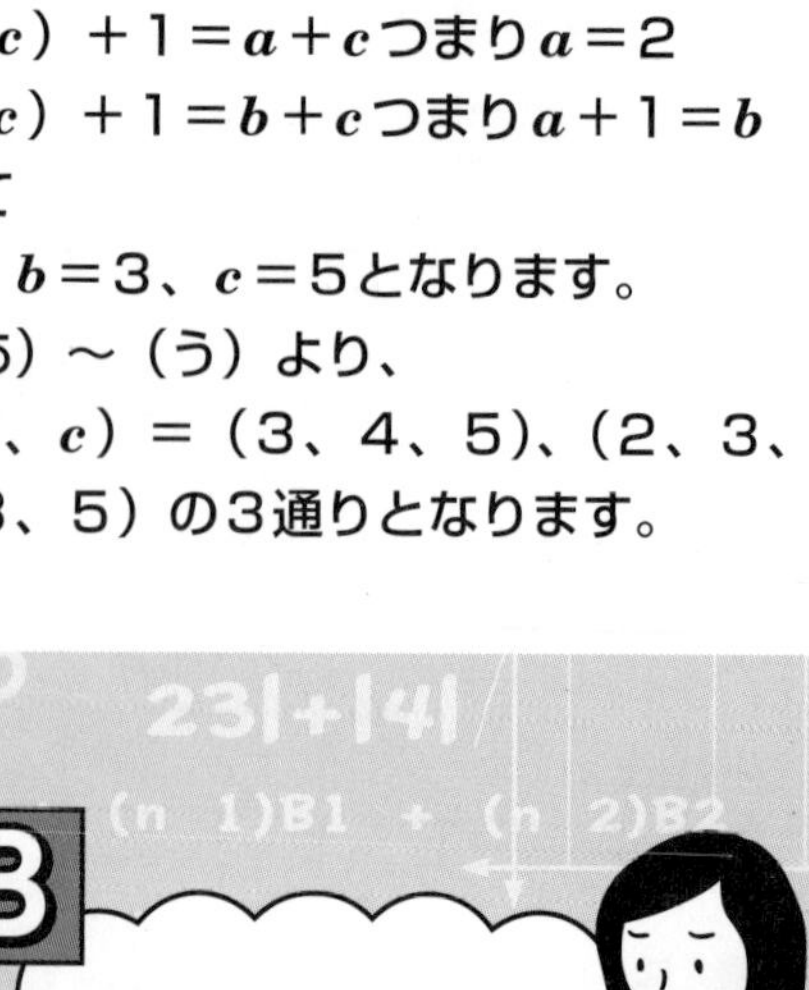
気がする、だけでは
解けたとは言えない
ね…。

中級　正解は B

嬉し〜い

横は３つ重ねて使う以外方法はないので、
３つ重ねた形を作り、それをＢとします。
Ｂを使わずＡだけの場合が１通り。
Ｂを１つ使うときは回転して同じものは数えないように注意して左から並べて、
ＢＡＡＡＡＡ　か　ＡＢＡＡＡＡ　か　ＡＡＢＡＡＡ　の３通り、
Ｂを２つ使うときは回転して同じものは数えないように注意して左から並べて、
ＢＢＡＡ　か　ＢＡＢＡ　か　ＢＡＡＢ　か　ＡＢＢＡ　の４通り。
したがって、全部で１＋３＋４＝８通りになります。

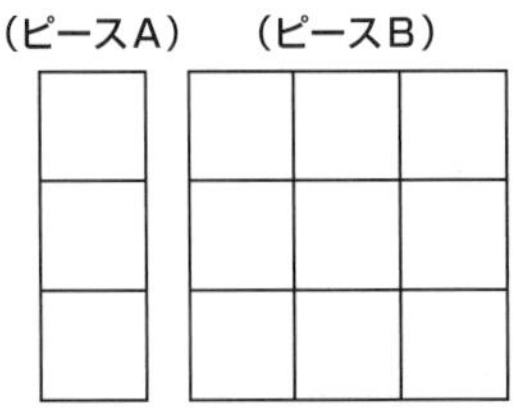
（ピースＡ）
（ピースＢ）

A
数え漏れがあったね。

C
ダブって数えたようだね。

初級　正解は A

イエーイ

まずは結論から言うと、身長の高い順から　Ｂくん、Ｄくん、Ｅくん、Ａくん、Ｃくんとなります。
まず、Ａくんより背の高い人が３人いるということから、Ａくんが４番目であることがわかります。すると、Ｄくんは２番目に決まります。Ｃくんは１番でも３番でもないので、Ｃくんは５番目に。Ｅくんは１番目でないことから、Ｂくんが１番目となるので、Ｅくんが残っている３番目となります。

B
早とちりかな？

C
ちゃんと考えた？

開智未来高等学校　3期生大躍進！

東京大学・京都大学ほか現役国公立合格率37%！
2年連続30%超は埼玉TOPランク

開智学園（さいたま市開智中学・高等学校）の進化系教育開発校として、埼玉県加須市に平成23年4月に開校した開智未来高等学校。3期生81名は東京大学・京都大学をはじめ難関大学に多数合格。現役国公立大学合格率は2年連続30%を超え、開校6年目ながら合格率では埼玉県のトップ進学校に肩を並べる実績となりました。

ハイクオリティーな教育

開智未来は、これまで開智学園が積み上げてきた教育の成果の上に、さらに「知性と人間」と共に育てるための新しい教育実践を開発し、その成果を発信して社会に貢献する学校を目指します。

校長自らが行う哲学の授業、未来型知性を育成するＩＣＴ教育、アメリカの歴史の教科書を英語で学ぶ未来ゼミ、オリジナルテキストを用いた授業、学び合いの導入による先進的な授業、カナダ環境フィールドワーク、才能発見プログラムなど、さまざまな教育活動を開発し実践

英語で学ぶ未来ゼミ

■入試対策講座・個別相談

日　程	入試対策講座	個別相談
11月20日(日)	9時00分～12時00分	12時00分～14時00分

■入試説明会・個別相談

日　程	入試説明会	個別相談
10月16日(日)	10時00分～12時00分	12時00分～14時00分
11月26日(土)		13時00分～15時00分
12月18日(日)		12時00分～14時00分

すべての説明会行事で、関根校長の「偏差値10アップ！　勉強サプリ」を行います。
（10月はスループット編・11月以降はアウトプット編）

※入試説明会は予約不要、入試対策講座と個別相談ともにＨＰからの予約制。（上履き持参）
※スクールバスを栗橋駅・加須駅より運行。（ＨＰで確認）
※自家用車での来校可。

しています。

「ゆたかな学びだから志が育つ」、「志が育つから学力が伸びる」が開智未来のモットーです。

グローバリゼーション

「国際社会に貢献する創造型・発信型リーダーの育成」を掲げ、ただ単に大学受験で点数をとるためだけの英語ではなく、高校卒業時には普通に使える英語の習得を目指し、さまざまな英語教育を実践しています。

1年次の入学式翌日からのスターティングセミナー合宿では、しおりや現地の指示は英語で示され、自己紹介を英語で行うプログラムなどが準備されています。

カナダ環境フィールドワーク

2年次はカナダ環境フィールドワークに全員参加します。6泊8日を現地の大学院生と共に生活し、現地の高校生との交流を図ります。帰国後は、カナダの歴史、文化、自然などについて英語の論文を作成し、発表を行います。

また、希望者が参加できるカリフォルニア大学バークレー校での次世代リーダー養成研修、オーストラリア・ニュージーランドの海外教育研修など、豊富な海外体験の機会を準備しています。

関根校長先生の哲学の授業

日常の授業においては、ストックノートの作成、音読の徹底を行い、高校2年終了時までに英検2級以上の取得を目指します。

関根校長の哲学の授業

開智未来では、関根校長先生自らが週1時間、「哲学」の授業を行っています。関根校長先生は、東京大学で教育哲学を学び、51歳で県立高校校長の職を辞して開智高等学校校長を2年間務めた後、開智未来中学・高等学校の校長となりました。

哲学は開智未来の教育の支柱となるよう、各教科の学習や行事などさまざまな教育活動と連動し、学びを統合化します。人間の生き方、価値、社会の課題等を幅広く扱い、開智未来が掲げている「志づくり（貢献教育）」の柱となります。

偏差値10アップのサプリを説明会で実施

開智未来では、「育てる生徒募集」という取り組みを行っています。昨年も多くの中学生と保護者の方に、校長自らが開発した「学びのサプリ」を体験していただきました。今年度2学期の学校説明会においても、高校受験までに学力を伸ばす「サプリ講座」を準備しています。「伸びたい生徒、伸ばしたい教員、伸びてほしいと願っている保護者の気持ちが1つになった学校」それが開智未来のスローガンです。

＼先輩に聞け！／

大学ナビゲーター

立教大学

現代心理学部　映像身体学科　1年生

清水《しみず》　彩花《あやか》さん

芸術にまつわる 幅広い分野を学び 刺激を受けています

他校に類をみない 特色ある学科

——立教大の映像身体学科に入学したきっかけはなんですか?

「MARCH以上の大学に入るのが目標でした。でも、どこでもよかったわけではありません。経済学部や法学部などの一般的な学部ではなく、人とは違うことを学べそうな特色ある学科に入りたいと思っていました。そして、色々調べるうちにこの学科に出会い、おもしろそうだったので志望校の1つにしました。」

——どんなことを学んでいますか?

「まず現代心理学部に属する学科なので、心理学について勉強しています。心理学の講義は学部のもう1つの学科、心理学科の生徒といっしょに受けています。講義内容は、親と子の関係、自閉症について、視覚や聴覚に関する脳へのはたらきなどです。

学科特有の科目は映像や身体について学ぶものが色々とありますが、なかでも『入門演習』がかなり特徴的だと思います。2週間ごとに先生が替わり、映画監督の先生のもとで映画を撮ったり、ダンスや演劇の先生のもとで身体を動かしたりと、それぞれの先生が自分の専門分野について教えてくれる科目です。

学科全体の人数は約160人で、『入門演習』は全体を約20人ずつのクラスに分けて行います。クラス内でさらにグループやペアに分かれて課題に取り組むことが多く、クラスメイトとの仲が深まります。

映像技術を学ぶ回では、テレビカメラを使って、グループごとにキャンパス内の不思議なものを紹介する映像を撮りました。いざ撮影してみると、普段何気なく見ているテレビの映像も、プロが色々な技を駆使し

ESS サークルでスピーチをする清水さん

「映像技術入門」では本格的なテレビカメラを使います

ながら撮影していることがわかりました。ほかにも、演出家の先生の回ではどこから押されても倒れない体勢を考えたり、写真や太極拳、気功など、本当にさまざまな分野に触れられてとても楽しいです。2年生からはそうした幅広い分野から専攻分野を選び、詳しく学んでいきます。」

――学科特有の科目以外には、どんな講義を履修していますか？

「学科の講義も楽しいですが、楽しむばかりではなく、社会の仕組みなどについて学ぶことも大切だと思ったので、労働法を履修しています。あとは読書も好きなので、日本文学に関する講義も受けています。

必修の英語はプレゼンテーション、リーディング・ライティング、ディスカッションの3つに分かれており、どれも陽気な外国人の先生が担当です。第2外国語はスペイン語を選択しました。発音がローマ字に似ているから親しみやすいかと思いきや、覚えなければならない法則がたくさんあって意外と難しいです。」

――現代心理学部がある新座キャンパス内のおすすめの場所はありますか？

「正門を入ってすぐのところにあるチャペルがきれいです。クリスマスになると、チャペルの前に立っている大きな木がライトアップされて、さらに素敵な雰囲気になります。チャペルには立教大の学生以外も入れるらしく、日曜の礼拝には近所の方も参加しています。

あと、映像身体学科の学生用に、スタジオやホールなどが設置されていて、そこで自分たちの撮影映像をみんなで鑑賞することもあります。」

――今後の目標を教えてください。

「映像身体学科には、演劇なら演劇、映画なら映画というふうに、やりたいことがはっきりしている人が多いんです。私はまだ専攻したいと思える分野が決まっていないので、色々な講義を履修しながら、そう思える分野に出会いたいと思っています。

また、いま以上に英語力を伸ばすことも目標にしているので、できれば留学にも挑戦したいです。」

ESSサークル

立教大のESSサークルに入っています。部員はスピーチ、ディベート、ディスカッション、ドラマ（英語劇）の4つのセミナーに分かれて活動していて、私はスピーチに所属しています。

春には1年生対象のフレッシュマンスピーチコンテストがありました。題材は自由だったので、私は「目標を持って大学生活を送ろう」をテーマに話しました。周りのみんなも「幸せとはなにか」「感謝の気持ちを忘れずに」など、色々なテーマを設定していて、なかには「たまねぎ」についてスピーチした人もいました。

スピーチ後にはQ＆Aの時間が設けられていて、ジャッジ（審判）からの質問に答えます。スピーチの内容に加えてQ＆Aでの対応も採点され、最終的な評価が下されます。そのときは11人中2位になれたので嬉しかったです。いまは冬に行われる各大学のESSが主催するスピーチコンテストに出場するための準備をしています。

検定試験で力をつける

中高ともバスケ部に所属していたので、勉強との両立が大変でした。定期試験前の部活動停止期間を有効活用しながらなんとか頑張り、引退後はコツコツ勉強することを心がけていました。

また、高校受験では推薦入試を視野に入れていたこともあり、漢字検定や英語検定を受けるようにしていました。そうするとおのずと漢字力や英語力がついてきたように感じます。

志望校は多様な観点から選んで

中3の秋ごろに志望校を変更しました。学力が伸びてきたので、偏差値が少し上の学校をめざすことにしたんです。私は志望校を探すとき、大学合格実績は気にしませんでしたが、友だちのなかには実績をみて入学してきた子もいました。いまから大学受験のことを考えるのはまだ早いと感じるかと思いますが、少しずつ考えておくと、高校生になってから役立つかもしれませんよ。

また、最初は立地を優先に考えていたので、自宅から近い高校を探していました。でも途中から通学範囲を広げて探すようにしたら、より自分に合った高校を見つけることができたので、みなさんも色々な観点から志望校を選んでくださいね。

私の時間は始まっている

学校説明会・個別相談

① 校舎・施設見学　② 全体会開始

0月22日〔土〕 ①14:00 ②14:30
10月30日〔日〕 ①14:00 ②14:30
11月 6 日〔日〕 ①14:00 ②14:30
1月12日〔土〕 ①14:00 ②14:30
11月19日〔土〕 ①14:00 ②14:30
11月26日〔土〕 ①14:00 ②14:30

※全体会終了後、希望制で個別相談を行います　※事前の予約は必要ありません

特別進学類型

公立大学や早慶上理などの最難関私立大学への現役合を目指す類型です。1年次から3年次までの3年間、国公立の6教科8科目の受験に対応するため、週4日7時間授業を施しています。1年次は、生徒一人ひとりの個性や適性を見め、将来どんな職業に就きたいのかをイメージさせていきま。その上で、学部や学科の選択ができるような指導を徹底し行います。2年次は、文系・理系別のクラス編成を行うととも、目標とする志望大学を選択させ、受験へのモチベーションをめていきます。3年次の1学期までに教科書を終了させます。れ以降は、科目選択を行うと同時に、現役合格を目指して基固めと、実践力を身につけながら受験本番に備えます。

主な進学先 **北海道・東京学芸・電気通信・都大東京・千葉・茨城・群馬・慶應義塾**など

役合格率 93.6%　大学進学率 84.5%

選抜進学類型

GMARCHなど難関私立大学への現役合格を目指す類型です。1年次と2年次は、週4日7時間授業が設定されています。主要科目を中心に、体系的で効果的な学習により、基礎基本を徹底的に身につけながら、学力を高めていきます。2年次から、文系・理系に分かれます。理系では数学への理解度を深めるために、習熟度別の授業を展開します。また、夏休みや冬休みの長期休暇中は、「集中授業」や有名予備校の講師による「スーパー特別講座」などを行い、論理的に物事を組み立てられる能力や思考力を養い、志望大学や学部に現役で合格のできる学力を育んでいきます。3年次の1学期までに教科書を終了させます。その後は応用問題などに徹底的に取り組みながら、志望する難関私立大学合格を目指します。

主な進学先 **上智・学習院・明治・青山学院・中央・法政・明治学院・武蔵・獨協・國學院**など

現役合格率 97.5%　大学進学率 88.8%

普通進学類型

学校行事・生徒会・部活動などに積極的に参加しながら現役合格を目指す生徒をしっかりと支えるカリキュラムが設定されている類型です。1年次は、国数英を中心に、学んだことが定着しているかを丁寧に確認しながら授業を進めていきます。2年次は文系・理系別に授業を展開します。また、系統別に区分されたカリキュラムを踏まえながら、自分が将来なりたい職業をイメージさせ、そのためには、どの大学やどの学部・学科が最適なのかを選択させるなどの進路指導を実施します。3年次は夏休みや冬休みの長期休暇を利用して演習講座が行われます。講座を通して、得意科目のさらなる飛躍、苦手な科目や課題の克服などに集中して取り組みながら、大学受験に対応できる実力をバランスよく身につけ、現役合格を目指します。

主な進学先 **明治・青山学院・法政・成城・成蹊・明治学院・武蔵・獨協・國學院**など

大学進学希望者の現役合格率 94.6%　大学進学率 90.8%

TOSHIMA GAKUIN

学校法人 豊昭学園
豊島学院高等学校
併設/東京交通短期大学・昭和鉄道高等学校

〒170-0011 東京都豊島区池袋本町2-10-1 TEL.03-3988-5511(代表)
最寄駅:池袋／JR・西武池袋線・丸ノ内線・有楽町線 徒歩15分 副都心線 C6出口 徒歩12分
北池袋／東武東上線 徒歩7分　板橋区役所前／都営三田線 徒歩15分

http://www.hosho.ac.jp/toshima.htm

Bungou Retsuden

古今文豪列伝

第24回

小松《こまつ》 左京《さきょう》

Sakyo Komatsu

　日本ＳＦ界の大御所といわれた小松左京は本名、実《みのる》。１９３１年（昭和６年）、大阪の生まれだ。４歳のときに兵庫県西宮市に移り、第一神戸中学校（現兵庫県立神戸高）、第三高等学校（現京都大）、京都大とエリートコースを歩んだんだ。

　中学、高校時代は柔道やラグビーをやったり、バイオリンを習って、バンドを組んだり、マンガを書いて雑誌に発表するなど多才だった。戦後、沖縄で同年代の多くの中学生が兵士として戦死したことに衝撃を受け、作家になることを決意したという。

　１９６１年（昭和36年）に早川書房の「ＳＦマガジン」が募集した「第１回空想科学小説コンテスト」に応募した『地には平和を』が努力賞になった。「左京」というペンネームは「左翼がかった京大生だった」からという理由からしい。翌年に同誌に掲載された『易仙逃里記』がデビュー作となった。『地には平和を』はＳＦ同人誌「宇宙塵」にも掲載され、以後、ＳＦコンテストの常連となる。

　その後は『復活の日』『日本アパッチ族』『エスパイ』『闇の中の子供』『御先祖様万歳』『日本沈没』『さよならジュピター』『首都消失』などを次々と世に送り、『日本沈没』は上巻２０４万部、下巻１８１万部の大ベストセラーになった。作品のうち４本が映画化され、『日本沈没』はテレビドラマ化もされたんだ。

　日本ＳＦ作家クラブ会長を務め、星新一、筒井康隆とともに「ＳＦ御三家」ともいわれた。

　生まれ育った関西を愛し、１９７０年（昭和45年）の大阪万国博覧会ではテーマ館のサブプロデューサーを務め、１９９０年（平成２年）、大阪で開かれた国際花と緑の博覧会では総合プロデューサーを務めた。

　星雲賞６回、日本推理作家協会賞、日本ＳＦ大賞、星雲賞特別賞、日本ＳＦ大賞特別功労賞など多くの賞を受賞している。２００６年（平成18年）からは城西国際大で『小松左京全集完全版』の刊行が始まり、同大からは名誉博士号を受けている。

　ヘビースモーカーで、タバコをきらしたことがなかった。２０１１年（平成23年）７月、肺炎のため死去した。80歳だった。

今月の名作

小松 左京

『日本沈没』

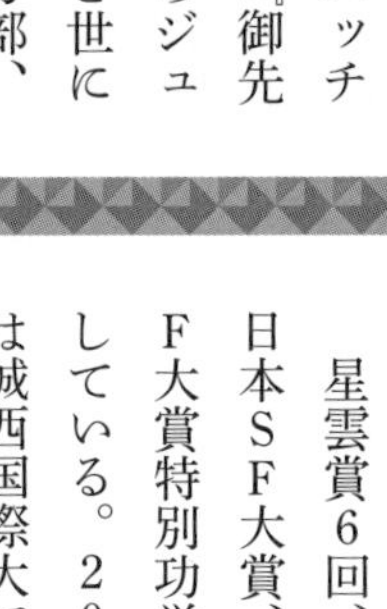

『日本沈没（上）』
571円＋税
小学館文庫

　地球物理学者の田所は地震のデータから日本列島に異変が起きていると感じる。そこで深海探査艇で調べると日本海溝に亀裂を発見。日本は海面下に沈没する可能性を予想する。やがて予想は現実となり、日本は大混乱に陥る。

"私らしく"が未来につながる

系列の武蔵野大学に薬学・看護・教育学部他、多数内部進学枠あり。

■ 学校説明会

第3回　10月15日(土)13：30～15：00
第4回　11月 5日(土)13：30～15：00
第5回　11月23日(水)13：30～15：00
第6回　12月 3日(土)13：30～15：00

■ オープンスクール ※要予約

10月29日(土)13：30～15：00

■ 個別相談会 ※要予約

11月12日(土)　11月19日(土)
11月26日(土)　12月10日(土)
12月17日(土)　12月24日(土)
各日10：00～15：00

■ 2017年度入試要項(概要)

	推薦入試			併願優遇入試(東京・神奈川)			一般入試		
コース	特進	グローバルリーダー	進学	特進	グローバルリーダー	進学	特進	グローバルリーダー	進学
募集人員	20名	15名	65名	15名	10名	60名	5名	5名	5名
試験日	1月22日(日) 単願・併願推薦 1月23日(月) 併願推薦			2月10日(金) 2月11日(土・祝)					
出願期間	1月16日(月)～1月18日(水) 9：00～16：00			1月25日(水)～試験前日 9：00～16：00					

千代田女学園高等学校

〒102-0081 東京都千代田区四番町11番地　(TEL)03(3263)6551(代)　(FAX)03(3264)4728
(E-mail) mail@chiyoda-j.ac.jp(代)　nyusi@chiyoda-j.ac.jp(入試広報)

ミステリーハンターQの 歴男歴女養成講座

山本 勇
中学３年生。幼稚園のころにテレビの大河ドラマを見て、歴史にはまる。将来は大河ドラマに出たいと思っている。あこがれは織田信長。最近のマイブームは仏像鑑賞。好きな芸能人はみうらじゅん。

春日 静
中学１年生。カバンのなかにはつねに、読みかけの歴史小説が入っている根っからの歴女。あこがれは坂本龍馬。特技は年号の暗記のための語呂合わせを作ること。好きな芸能人は福山雅治。

ミステリーハンターQ（略してMQ）
米テキサス州出身。某有名エジプト学者の弟子。1980年代より気鋭の考古学者として注目されつつあるが本名はだれも知らない。日本の歴史について探る画期的な著書『歴史を掘る』の発刊準備を進めている。

出島

江戸時代に長崎に作られた人工島・出島。建造された理由や歴史的背景を正しく答えられるかな？

勇 夏休みに長崎市に行ったら、市内に出島町があった。あれは江戸時代の出島の跡地？

MQ そうだよ。いまは埋め立てられて陸続きだけど、昔は出島があったんだ。

静 出島って鎖国政策の1つとして作られた人工の島のことよね。出島はどうしてできたの？

MQ 徳川家康は1603年（慶長8年）に江戸に幕府を開いたあとも、キリスト教を黙認していたんだ。ところが、オランダ人などがスペインやポルトガルには領土的な野心があると言ったことから、キリスト教徒の弾圧を始めたんだ。

勇 でも、そう言ったオランダもキリスト教だよね。

MQ そこにはポルトガルなどのカトリックとオランダなどのプロテスタントの争いもあったんだね。1616年（元和2年）には、ヨーロッパ船の来航は九州の平戸と長崎に限定されたんだ。

静 こうして日本は鎖国への道を進んでいくのね。日本人も海外に行けなくなったの？

MQ キリシタン大名の高山右近ら信徒300人が追放されたりもしたんだ。貿易船も大幅に制限された。こうしたなかで、幕府は1634年（寛永11年）に長崎港内に人工島の出島を築き、ポルトガル人をここに移したんだ。翌年には日本船の海外渡航を全面的に禁止し、日本人の渡航も禁止した。鎖国の完成だね。

勇 オランダ人はどうしたの？

MQ 1641年（寛永18年）に平戸にあったオランダ商館を出島に移した。幕府はオランダと清国に限り、出島での交易を認めることにした。以後、出島は幕末にいたるまで、鎖国をしていた日本が外国に開いた唯一の窓口として機能していくことになるんだ。

静 出島ってどのくらいの広さだったの？

MQ 形は扇形で面積は約1.5ヘクタール。橋で長崎とつながっていた。出島にはオランダ商館があり、商館長がいたんだ。幕府は「オランダ通詞」といわれる通訳を派遣して、西洋事情や知識を吸収した。

出島は幕末の1854年（安政元年）にその役目を終えた。その後1922年（大正11年）に「出島和蘭商館跡」が国の史跡に指定された。

出島周辺は戦後、埋め立てられたんだ。跡地には出島のミニチュアもあるから、一度、行って見る価値があると思うよ。

受験情報

Educational Column

15歳の考現学

部活動は学校選びの大切な要素
授業との両輪で広げうる未来

私立 INSIDE

私立高校受験

千葉県内私立上位校の
2017年度入試日程

公立 CLOSE UP

公立高校受検

都立高校の集団討論は
どのように行われるか

BASIC LECTURE

高校入試の基礎知識

まもなく始まる三者面談
自分の思いを伝えよう

千葉

県内公立高の募集3万3920人、5学級200人減

千葉県教育委員会は、来年度の公立高校入試の募集定員を発表した。

県内の国立・公立・私立中学校を来年3月に卒業予定の者は、約5万5190人で、前年比約190人減となる見込みを勘案しての措置。

過去3年間の実績から進学率を98.7%程度とし、私立や県外高校への進学予定者を差し引いて定員を定めた。

全日制は前年度より5学級200人減り、3万3920人。定員減は2年ぶりのこと。

うち県立高校が3万1640人（791学級）で前年度比200人（5学級）減。普通科の6校（**船橋啓明**、**船橋二和**、**市川昴**、**市川南**、**松戸**、**木更津**）に加え、**君津商**（情報管理科）の計7校で1学級減とし、**匝瑳**の英語科は募集を停止する。

普通科の**野田中央**と**成田北**は各1学級増、木更津には理数科（1学級）が新設される。

市立高校は前年度と同じ2280人（57学級）。

定時制、通信制も前年度と変わらない募集定員となる。

東京

都立高校などが3地区に分け合同説明会

東京都教育委員会は、都立高校、中等教育学校、中学校などの受検生や保護者を対象に、「都立高等学校等合同説明会」を開催する。学校ごとの相談コーナーで、希望する学校の教職員と進学相談などができる。入場無料。事前参加予約不要。※新宿高校会場は上履きが必要

合同説明会は全3回の実施で日時は、
第1回／10月23日（日）10:00〜16:00
第2回／10月30日（日）10:00〜16:00
第3回／11月6日（日）10:00〜16:00
※各回とも、最終受付15:40。

◆会場および参加予定校

第1回／**新宿**高校・都内中部地域に所在する学校を中心に108校
第2回／**晴海総合**高校・都内東部地域に所在する学校を中心に54校
第3回／**立川**高校・多摩地域に所在する学校を中心に72校
※参加予定校はいずれも2017年度募集を行う都立高等学校、中等教育学校および中学校など（島しょ地域の一部を除く）
※就学支援・奨学金相談などの「各種相談コーナー」も設けられる。

15歳の考現学

部活動は学校選びの大切な要素 授業との両輪で広げうる未来

森上《もりがみ》 展安《のぶやす》

森上教育研究所所長。1953年、岡山県生まれ。早稲田大学卒業。進学塾経営などを経て、1987年に「森上教育研究所」を設立。「受験」をキーワードに幅広く教育問題を扱う。近著に『教育時論』（英潮社）や『入りやすくてお得な学校』『中学受験図鑑』（ともにダイヤモンド社）などがある。教育相談、講演会も実施している。
HP：http://www.morigami.co.jp
Email：morigami@pp.iij4u.or.jp

文化部の活動にも自分磨きの場がある

部活動について、今回は考えてみましょう。

というのも学校選びは、「勉強選び」につきる、という考えが、とんでもない誤解だと思うからです。

確かにプライオリティは勉強ですが、もう1つの具体的な選択肢はクラブつまり部活動なので、大きくいって動機、理由の半分をも占める（人によっては100％もありうる）からです。

科学五輪の関係者に数学教育の優れた学校（このときは私立高校のみ）を尋ねたことがあります。

そうすると立教池袋と関西学院の2高校があげられましたが、このなかで立教池袋は、文化部の活動で、数理研究部が国内にとどまらず、ヨーロッパのコンテストで活躍するなど、顕著な数学活動をしています。

例えば、運動部で優れる学校は、全国大会への出場をモノサシとしてその実力を知ることができます。

同様に、文化部にだって全国大会があります。そこで活躍している学校は、日ごろからその分野での活動を、相当にしているはずだ、と考えてよいのではないでしょうか。

「ディベート甲子園」という大会に、今夏、初めて筑波大附属駒場が参加し、いきなり3位にくいこんだ、と聞きました。ディベートの強豪校がそろうなかで、初陣にして上位成績を収めたのです。

さて、新しい学習指導要領が12月に確定されますが、なかでも英語ではアーギュメントエッセー（Argumentative Essay）が重視されます。それは英語だけでなく、じつは、どのような科目においても重視されるべきことで「主体的・対話的な学び」が求められる新しい学習指導要領の中核的なテーマだと思います。

そうしたなかで、ディベートは学びのスキルとしての重要性を持っていると思います。

例えば英語ディベートですとそのことがわかりやすく説明できるのですが、とくに大切な一面は、英語をツールとして使うということで、その実体験としてきわめて有益です。

英語をツールとして使うという観点が、普段の授業ではとらえにくいのですが、実際にディベートを体験すれば、それこそ即、納得できます。

それは日本語（国語）においても

同様です。従来の授業ですと、鑑賞が中心で、日本語を使う、という観点からは十分ではなかったと思います。それが、ディベート大会では、まさに日本語をツールとして使うことになります。どう論理を組み立てるか、なにを例証として示すか、それをどう表現するかなど、まさに日本語をツールとして使うわけです。

もちろん、授業そのものでもそのような展開をする時間はあるでしょうが、やはり、その道をもう少し深めてみよう、ということになると、文化部の活動はぴったりでしょう。

じつは、アクティブラーニングという授業方法にとって「問題発見 解決型学習（PBL＝Problem-Based Learning）」という授業法はきわめて効果的と言われており、通常の教科学習の授業とは別に、問題解決のPBL授業が学校で多用されることが期待されています。その意味で、クラブ活動はフィールドワークもしやすいので、PBLの一環として実施することも考えられるでしょう。

また、同好会的なスポーツですと、学校ごとのチーム構成員がそろわず活動がままならない。正規の運動部でもそれは実際に起こります。その場合、何校かがネットワークを組んで指導者を呼んでアフタースクールでの部活動をやる工夫が始まっていますし、いっそう求められます。

そうした試みができれば学校の勉強と好きな部活動を、学校選択に際して別個に考えることも可能になりますね。ただ、それは公立中学で実例（例えば杉並区）があるようですが、高校、とくに私立ではまだ少ないようなので、具体的には別途、校外のチームに加わる形がいまのところの選択肢だろうと思います。

自分から飛び込む勇気が語学を身につけさせる

話題は変わりますが、東京都英語教育戦略会議というところから都立高校の、今後の方針が出されました。「グローバル社会を切り拓く人材の育成に向けて」という、その報告によれば、さまざまな方策で英語を使える人材を増やしたい、という都の思いが如実に感じられます。

例えば、部活動として、多言語型の語学クラブ設置の提言がなされるなどしています。

いま私たちは、部活動など課外での学びに、なにを選び、どう時間を配分するかを考えていかねばならないというわけですね。

さて、語学はどのような大学教育を受けたいか、と考えたときにそれを英語で受けるか、日本語で受けるかは今日、大きな岐路になります。

これは自然科学系よりは、人文科学、社会科学系においてとりわけ重要です。

自然科学系はブロークンイングリッシュでも数学や理科の立式ができれば十二分に通じますが、人文・社会に関しては、日本語のみの世界でも大過なく過ごせる、という誤解を抱きがちです。いまやグローバル社会とつながっている世界しかないにもかかわらずです。

母語が英語ではない、後進国はもちろん、先進国のフランス、ドイツ、オランダ…などヨーロッパの国々においても英語が共通語で、それは日常的に使われる言葉です。

極端にいえば、英語に開かれているほとんどの国々と日本語で閉ざされている日本との違い、といってもいいと思うくらいです。

その違いを大学で肌で感じるには、日本の大学で英語で授業をするコースに入学するのがベターです。

さらに言うならIB（インターバカロレア）でもAP（Advanced Placement＝アメリカの高校教育課程）でも高校自体がそうした海外または英語コースの大学とカリキュラムが連動しているところを選ぶのが早道です。そのあたりは受け身ではなく自身の今後のキャリアを考えるうえで重要な選択だという意識を持てば、語学がかなり違ってきます。

つまり、例えば武蔵学園のREDプログラムは、武蔵高校に行ってなくても入れます。また、課外でとれる英語によるサイエンスのレッスンプログラムもあります。そういった英語で考える時間を、一定時間設けることをしておかないと、大学からそうしたコースを選んでも、成果は出しにくいだろうということです。

ひと言付け加えれば、人文科学、社会科学分野においても、いまでは相当数学的な知識や方法がなくては議論できません。数学嫌いにはならないようにしたいものです。

このように15歳の選択は現在の興味関心で行う一方、自己の未来像からでも一定の方向が見えてきます。

もちろん、それは変わるものですし、変わっても身についていることは次に活きて、本人の個性を豊かにするものです。

自分自身が自分自身であるために、活動の仕方を考えたいですね。

私立 INSIDE

千葉県内私立上位校の2017年度入試日程

千葉県私立中高協会は9月、県内私立高校の2017年度入試日程を発表しました。私立高校全日制は54校で1万3136人を募集、これは昨年度比55人減です。入試日程（前期）は、ほぼ例年通りですが、東邦大東邦の高校募集は1月18日の帰国生入試のみとなりました。入試科目では市川、芝浦工大柏、昭和学院秀英が5科目入試を導入します。

入試相談を実施しない上位10校の入試日程

千葉県では、東京都、神奈川県と同様に12月15日スタートで県内私立高校が入試相談を開始します。

入試相談とは、県内の大半の私立高校に中学校の先生が「合格の可能性」を相談に出かけて、その感触を探るイベントです。

このシステムで、入試相談を行っている私立高校については、それぞれの生徒の合格見込みがわかり、受験生はすべり止めと考えている私立高校を合格有望校として位置づけることが可能になります。

しかし、以下にあげる10校は、この入試相談を行っていません。

ただし、このなかの**国府台女子学院**は前期選抜では入試相談を実施しており、学力試験で合否が決まるのは後期のみです。

入試相談のない10校は、難関校、上位校と呼ばれる学校とほぼ一致しているといっていいでしょう。

左ページに、その10校について入試日程と募集定員をまとめておきますので、併願校を決める際に参考としてください。

そのほかの学校の入試日程については、文末で紹介するホームページから入手してください。

さて、入試相談を行っていない10校とは、**市川**、国府台女子学院、**芝浦工大柏**、**渋谷教育学園幕張**、**昭和学院秀英**、**専大松戸**、**千葉日大一**、**成田**、**日大習志野**、**麗澤**です。

次ページからの学校名下の（ ）内は定員を示しています。2日間入試の学校の2日目には定員を記していません。

なお、併願を認めている入試の定員を原則としていますが、学校によっては、第1志望入試の定員も含まれていますので、各校の募集要項で確認してください。

前期選抜

千葉私立の入試結果はほぼ前期選抜で決まる

第1志望（単願・専願）の受験生を対象とした入試は、ほとんどが前期選抜で行われます。上位校でも単願や第1志望入試制度を設けている学校があります。

定員の割合では、前期選抜の方が、後期選抜よりも募集定員を多くして

いる学校がほとんどです。

　定員の割合でみれば、千葉の私立高校入試の柱は前期選抜にあるといえます。合格を確保したいのならば、前期選抜から受験していくスタイルが当然といえます。後期選抜は定員が少ないため、かなり狭き門となるからです。

　ほとんどの学校の入試は、3科目で行われていますが、難関の渋谷教育学園幕張の前期選抜は5科目入試、さらに冒頭で述べた3校も5科目入試となります。

　後述の通り、専大松戸、芝浦工大柏、麗澤の3校は2日間入試ですが、1日だけの受験も、2日続けての受験も可能です。

■1月17日
市川（50名）
国府台女子学院（普通科60名）
※前期は入試相談を実施（併願で5科22以上）
専大松戸（２３６名）
※前期は2日間入試（2日とも受験も可）
千葉日大一（１３０名、自己推薦含む）
日大習志野（１８０名）
成田（１４０名、専願含む）
麗澤（90名）
※前期は2日間入試（2日とも受験も可）、後期選抜は実施しない。

■1月18日
芝浦工大柏（１２０名）
※後期がなくなり、スライドして前期の定員増、前期は2日間入試（2日とも受験も可）
昭和学院秀英（90名）
※臨時定員増が継続
専大松戸
麗澤

■1月19日
渋谷教育学園幕張（約55名、帰国生・特別活動を含む）
※後期がなくなり、スライドして前期の定員増
芝浦工大柏

後期選抜

後期選抜を実施しない学校が多くなっている

　後期選抜は、すべて学力試験がある一般入試です。

　後期選抜では単願や第1志望入試の制度がある学校は、10校を超える程度しかありません。

　前述の通り後期は募集定員が少なく、倍率も高い学校がほとんどですので厳しい入試となります。大幅に合格者を絞る場合もありますので、過去の入試結果（偏差値や倍率）は参考になりません。

　入試相談のない10校のなかで後期選抜を行うのは、下段の7校で、渋谷教育学園幕張、芝浦工大柏、麗澤の3校は実施しません。

　さらに、ここに紹介した10校以外の「入試相談のある学校」で後期選抜をやめる学校も多くなっています（※上記10校以外で**後期選抜を実施しない学校**
　千葉明徳、日出学園、東葉、千葉英和、日本体育大柏、千葉敬愛、千葉萌陽、茂原北陵、木更津総合、拓大紅陵、志学館、市原中央、翔凜）。

　前期選抜の発表後に後期選抜の願書締め切りがあるので、前期選抜の結果を見て、後期選抜の出願校を決めることができますが、私立高校進学を希望する場合には、後期選抜にまわるとかなり厳しい入試になりますので、前期選抜で合格を得られる志望校選びを念頭においてほしいものです。

■2月5日
市川（35名）
専大松戸（20名）
成田（20名 専願含む）

■2月6日
国府台女子学院（普通科10名）
※後期には入試相談はない。
昭和学院秀英（20名）
千葉日大一（40名）

■2月7日
日大習志野（40名）

　２０１７年は**東邦大東邦**が高校の募集をやめ、渋谷教育学園幕張と芝浦工大柏が後期選抜を廃止しています。

　受験科目でも市川（前期一般のみ）と芝浦工大柏、昭和学院秀英が新たに5科目入試に変わるなど変更点の多い年になっています。

　募集要項の一覧は、千葉県のホームページで「教育・文化・スポーツ」→「教育・健全育成」→「私立学校」のページ、または、千葉県私立中学高等学校協会のホームページで確認できます。なお、日程などが変更される場合もあるため、志願者は各校に必ず確認し、間違いのないよう気をつけましょう。

都立高校の集団討論はどのように行われるか

安田教育研究所　副代表　平松　享

3年前の入試から、都立高校の推薦入試に新しい検査「集団討論」が加わりました。かつては調査書の成績順で、ほぼ合否が決まっていたといわれた都立の推薦入試が、集団討論の導入でどのように変わったのか、また、実際にどんなテーマが出題され、どんな選考が行われるのかを見ていきます。

合否の決め方 得点の分布を公開

都立の推薦入試では、合否は①「調査書」、②「集団討論・個人面接」、③「小論文又は作文」の合計点で決まります（学校によっては、ここに実技が加わります）。

85ページの**表1**には、①〜③の満点の点数を各校ごとに示しました。合否が「調査書」に偏らないよう、「調査書」のウエイトは各校とも合計点の50％以内に制限されています。

②の「集団討論」は「個人面接」と合わせて評価されます。「個人面接」は、「集団討論」に立ち会った試験官（面接委員）が必ず担当し、この2度の機会を通して、受検者1人ひとりの得点をつけます。

③の「小論文又は作文」では、与えられたテーマから、500〜600字の論文（作文）を50〜60分で書きます。

今年度のテーマは…

【西】（作文）「人生には二つの道しかない。一つは、奇跡などまったく存在しないかのように生きること。もう一つは、すべてが奇跡であるかのように生きることだ。」（アルベルト・アインシュタイン）という言葉について600字以内で感想を述べなさい。

【戸山】（小論文）イギリスにおける選挙権拡大の過程とその社会的な背景について、19世紀と20世紀に分けてまとめなさい。

などのように、進学指導重点校ではハイレベルなものです。

検査は、多くの学校で「小論文又は作文」→「集団討論」→「個人面接」の順で進みます。検査日を2日間とする学校では、1日目に「集団討論」、2日目に「個人面接」を行い、受検者の多い学校では「集団討論」に複数のテーマを用意して、午前、午後に分けて実施します。

入試がすべて終わると、②と③の推薦受検者全体の得点分布表が、各学校のHP上に公開されます（86ページの**グラフ**は**日比谷**の分布表）。

「自分で考え、自分の言葉で表現する」

ここで「集団討論」説明のために、日比谷が作ったQ&Aを紹介します。

Q　集団討論では面接委員と受検者の人数はどのようになりますか。

A　面接委員2〜3名に対し、受検者5〜6名の予定です。

Q　集団討論の時間はどれくらいで

【表1】2017年度（来春）の都立高校推薦入試定員枠と得点の内訳

指定等	学校名	定員枠	満点		
			調査書	集団討論・面接	作文・小論文
進学指導重点校	日比谷	20%	450	200	小論文 250
	戸山	20%	400	200	小論文 200
	青山	10%	450	150	小論文 300
	西	20%	360	240	作文 300
	八王子東	20%	500	200	小論文 300
	立川	20%	500	200	小論文 300
	国立	20%	450	150	小論文 300
進学指導特別推進校	小山台	20%	450	200	小論文 250
	新宿	10%	450	180	小論文 270
	駒場	20%	360	180	作文 180
	町田	20%	450	250	小論文 200
	国分寺	20%	300	200	作文 100
	国際	30%	500	200	小論文 300
進学指導推進校	三田	20%	300	150	小論文 150
	豊多摩	20%	450	300	作文 150
	竹早	20%	500	250	作文 250
	北園	20%	500	300	作文 200
	江北	20%	450	150	作文 300
	小松川	20%	500	250	作文 250
	城東	20%	400	200	作文 200
	墨田川	20%	200	100	小論文 100
	江戸川	20%	300	200	作文 100
	日野台	20%	450	225	作文 225
	武蔵野北	20%	450	225	作文 225
	小金井北	20%	500	250	小論文 250
	調布北	20%	500	250	作文 250
併設型中高一貫	大泉	20%	450	250	作文 200
	富士	20%	450	200	作文 250
	白鷗	20%	500	300	作文 200
	両国	20%	500	300	小論文 200
	武蔵	20%	500	200	小論文 300

すか。

A　一つの集団について、受検者が6名の場合は約30分、5名の場合は約25分を予定しています。

Q　集団討論は、面接委員主導型ですか、それとも受検者での自由な討論型ですか。

A　面接委員主導型で行います。受検者の中から司会役を出していただくこともありません。面接委員からの投げかけに応じて話し合いをしていただきます。例えば、集団討論のテーマが与えられ、それについての自分の考えを述べたり、他の受検者の考えを聞いて自分の意見を述べたりする形式が主となります。

Q　集団討論と個人面接の配点があわせて300点となっていますが、その内訳はどのようになりますか。

A　集団討論と個人面接は同じ面接委員が担当し、総合的に評価をします。集団討論と個人面接で別々に配点を設けているわけではありません。

Q　評価の観点について、わかりやすく説明して下さい。

A　集団討論と個人面接に共通な「評価の観点」は、①リーダーシップ・協調性②コミュニケーション能力③思考力・判断力・表現力の3つです。集団討論では、面接委員からの求めに応じて自分の考えや意見を述べる場面があります。その際、受検者が、自分の頭で考え、それを自分の言葉で表現する力をみていきます。同時に、周囲の考えや意見に耳を傾け、それに対する自分の判断や意見を伝える力もみていきます。

集団討論の実際のテーマは多岐にわたる

実際の「集団討論」は、普通教室に生徒が座る椅子を半円形や円形に並べ、受検者5～6人に対して先生2～3人がつき、25～30分程度行われました。

テーマは、多くの学校で開始直後に口頭で伝えられ、はじめに考える時間を2～3分取ったあと、討論に入ります。司会は日比谷のように先生が行う学校と、参加生徒に任せる学校の2つの形があります。受検した生徒に聞くと「議論のテンポが速すぎてついていけなかった」「単なる『集団面接』みたい」など、学校により、またテーマによっても、討論の内容はさまざまだったようです。

86ページの**表2**に進学指導重点校などの「集団討論」のテーマ、時間、

【表2】2016年度入試における都立高校の集団討論

高校名	テーマ	時間	司会	先生：生徒	討論の形式
日比谷	中学校で新しい教科を一つつくるとしたら何か。	30分	先生	2対5～6	挙手して1人ひとり意見を述べる→先生がまとめ、新たに質問→挙手して発言。この流れを繰り返す
西	日本放送協会（NHK）が1973年から5年ごとに実施している「日本人の意識調査」（日本の16歳以上の男女が対象）における、「人によって生活目標もいろいろですが、リストのように分けると、あなたの生活目標に一番近いのはどれですか。」という質問への回答をまとめ、その推移を示したグラフから読み取れることに基づいて、自由に討論。	30分	任意	2対6	資料配布あり。自由に挙手制で発言
国立	2020年にオリンピック・パラリンピックが東京で開催されます。そのとき，あなたはどのようにオリンピック・パラリンピックに関わることが出来るか、討論。	30分	なし	2対6～7	挙手制で自由に発言（司会はとくに決めなくてもよい）
戸山	平成28年6月19日より、満18歳以上の者に選挙権が与えられることになりました。これからは、高校生も真に社会的に自立した人間になることが、より強く求められるでしょう。皆さんは、真に自立した人間になるために、戸山高校でどのような高校生活を送り、どのように学ぶべきだと考えますか。	30分	任意	3対5～6	司会は決めなくてもよい。挙手して自由に発言でき、先生のリードはなく生徒のみで進行
八王子東	タイプの異なる2箇所の地域景観写真を比較して、「現代人が生活しやすい環境」を具体的な例を挙げて理由を述べなさい。	15～30分	なし	3対5～6	資料配布あり。最初に1人ひとり順に意見を述べ、その後で約15分間の自由討論、最後にひとり1分で発表。司会は決めない
青山	男）斬新なアイデアを生み出すために必要なこと。女）女性が社会でさらに活躍していくために必要なこと。	15分	任意	2対6～7	男女別テーマ。司会はグループ内で決める（司会者なしでもよい）
立川	10年間の日本のジェンダーギャップ指数（政治への参加、職場への進出、教育、健康度合いの4分野を使って男女の社会進出の差を指数化したもの）と、調査対象国数とそのなかの日本の順位を表したグラフを見て、男女が共に活躍できる社会のあり方について討論	20～30分	任意	2対6～7	資料配布あり。最初に1人ずつ意見を述べ、その後自由討論。司会を置くかどうか任せられる
新宿	救急車の利用を有料にすることに賛成ですか。反対ですか。	30分	先生	2対6	最初1人ひとりの意見を発表し、その後挙手制で自由討論
国分寺	社会問題を踏まえて、クラスで行うボランティア活動の内容と目的を決める	30分	任意	2対6～7	司会はグループ内で決める（司会者なしでもよい）。挙手制で自由討論
小山台	東京オリンピック・パラリンピックにボランティアとして参加し、できることを三つにまとめなさい。	40分	任意	2対6	挙手して自由に発言。司会はとくに決めなくてもよい
駒場	人に何かを教える際、大切なことは何だと考えますか。あなたが大切だと考えることを三つ挙げてください。	10分	任意	2対5～6	自由に挙手制で発言
町田	「電車の優先席」の対象となる人が優先的に座ることができる工夫について	30分	任意	3対6	資料配布あり。司会はグループ内で決める（司会なしでもよい）。1人ずつ意見を述べ、その後討論
国際	国際高校では、「環境問題」をテーマとした取り組みを行うことになりました。具体的にどのような取り組みを行うか、自由に討論してください。	25分	任意	3対5～6	挙手して自由に発言。司会はとくに決めなくてもよい。最後にグループとしての結論をまとめる

※テーマは都教委発表資料から作成。時間や形式などは受検者へのアンケート（㈱進学研究会調べ）による

先生と生徒の数、司会はだれが務めたか、などをまとめました。ただし、実際に受検した生徒のアンケートからまとめたもので、一部で異なる内容もあったかもしれません（進学研究会調べ）。

最後に、合否で「調査書」の順位の逆転が起きたかどうか、その可能性について日比谷を例に考えてみます。今春の日比谷の各検査の得点と総合得点に占める割合は、「調査書」４５０点（50％）、「集団討論・個人面接」３００点（33％）、「小論文」１５０点（17％）で、受検者の「調査書」の成績はオール５か、その付近とみられ、調査書点は４２０～４５０点に分布すると考えられます（来春の得点比率は85ページの表1を参照）。

一方で「集団討論・個人面接」と「小論文」の得点は**グラフ**のように広く分布しています。調査書点が満点の受検者も20～30点程度のリードでは、その他の検査で簡単に逆転されてしまうということがわかります。

日比谷以外の学校でも、その他の検査の得点分布が広いことで、調査書点の差を上回る得点を取り、逆転するケースは数多く起こったと想像できます。

こうしたことから、推薦入試で合格するためには、「調査書」の得点を高くすることが第一なのは間違いありませんが、たとえ低くても、他の検査で高得点できるならば、合格の可能性はあるといえそうです。

作文や小論文では、「つねに自分で考える」習慣を身につけることが求められます。「集団討論」でも、日比谷の「Q&A」の最後の棒線を引いた部分がポイントになります。

都立の推薦入試を受検するにあたっては、「日ごろから自分で考え、周りの人の意見に耳を傾ける姿勢を身につけることが大事」だといえるでしょう。

【グラフ】2016年度入試における日比谷の集団討論・個人面接点、小論文の分布

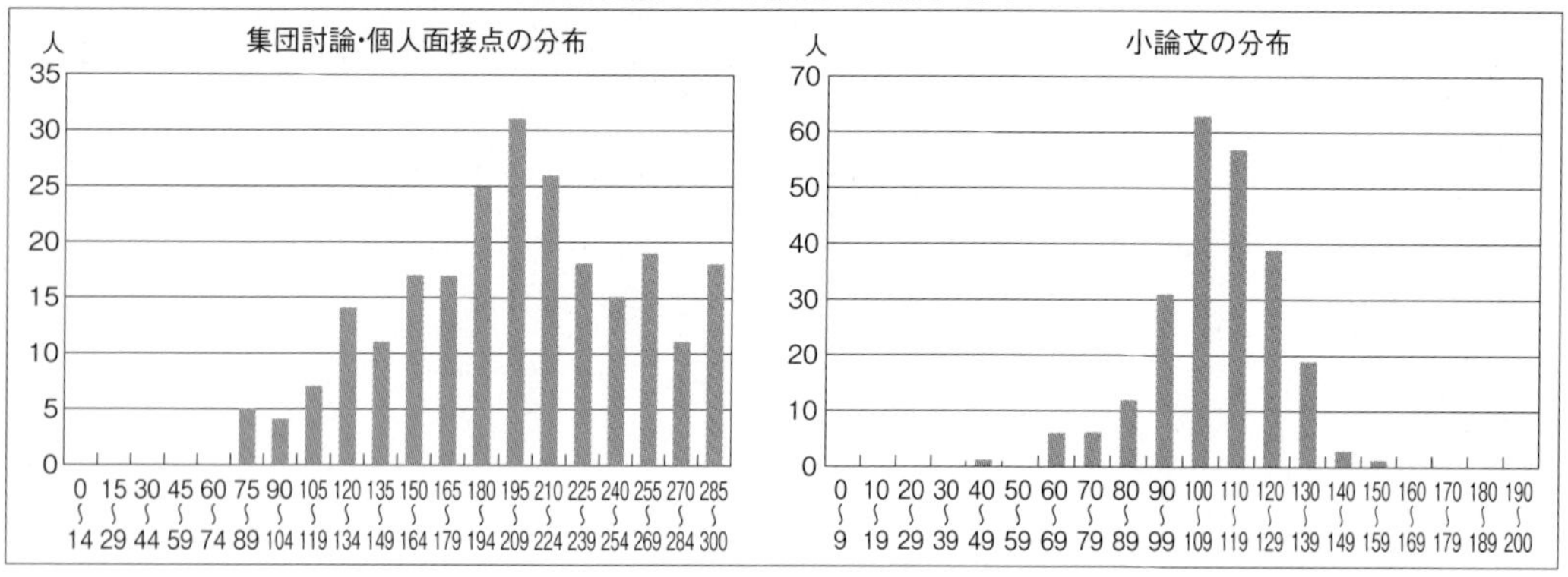

公立 CLOSE UP

高校入試の基礎知識

まもなく始まる三者面談 自分の思いを伝えよう

3年生にとって、学校選びの最終局面の時期となりました。11月なかばから各中学校で「三者面談」が始まります。三者面談は公立高校、私立高校どちらを第1志望にするにせよ大切なポイントです。担任の先生も真剣にあなたの進学・進路を考えてくれますので、面談前の準備をしっかりとやって臨みましょう。

志望校を絞り込むのが三者面談の目的

中学3年生にとって、受験校を決める最終プログラム、「三者面談」の時期となりました。

三者面談というのは11月なかばから、それぞれが通っている各中学校で始まる重要な面談で、①学校の担任の先生、②受験生、③その保護者の三者が、志望校を決めるために話しあうものです。

なぜ11月に三者面談があるのかというと、12月中旬に私立高校の入試相談が行われるからです。

各私立高校からは、前期試験や推薦入試（一般入試の公立併願優遇も含む）で使われる合格基準が事前に示されています。この基準は、その生徒が2学期を終えて、どのような成績でいるのかを確かめるもので、5段階評価で、5教科合計○点以上や、9教科合計で○点以上などの数字で示されます。

そこで、その基準をもとに、その学校に合格できるかどうかを、事前に私立高校側と中学校の先生が話しあう場が、12月なかばからの入試相談（事前相談）です。中学校ではこの時期、12月の私立高校入試相談に向けて、自らの中学校の「どの生徒」が「どの私立高校」を受験するのかをリストアップしていきます。そのための最終確認が三者面談なのです。

入試相談のない埼玉でも三者面談は重要に

ただし、埼玉県ではこの中学校を巻き込んでの入試相談は行われません。埼玉県では、保護者・受験生が、私立高校の学校説明会などで行われる相談会に出かけて、自分で入試相談を受けます。

ただ、埼玉県でも中学校での三者面談は行われます。内申点をもとに、学校の先生が相談に乗ってくれる場です。ここで「公立高校ならどこを受ければいいか」「私立高校ならこの2校をすすめる」など中学校の先生がアドバイスしてくれます。それを参考に、進学塾の先生とも相談して、志望校に選んだ私立高校数校の相談会に出かけていけばよいわけです。

埼玉の私立高校相談会の際には、確定した中学校の内申（や出席日数）と、模擬試験の成績表（9～11月など3回ぶんぐらい）を持参して見てもらい、結果、私立高校側の条件をクリアしていれば、ほぼ確約をもらえます。確約した生徒の情報は私立

高校側に記録されます。願書に個別相談番号を記入させる学校もあります。

率直に相談することが三者面談の姿勢では大切

さて、東京都、神奈川県、千葉県の三者面談に話を戻します。

中学3年生の保護者とはいえ、実際のところ、子どもの成績を確実に把握している方は少ないのではないでしょうか。「通知表の成績はわかっています」という場合でも、自分の子どもが公立向きなのか、私立向きなのか、などはなかなか判断できないでしょう。

中学校の先生は、生徒の性格も把握していますし、高校のこともよく知っています。受験をする高校で悩んでいるのなら頼りになる存在といっていいでしょう。

三者面談で担任の先生は、志望校の有無、第1志望は公立か、私立かなど、おおまかな希望を聞くことから始めます。

保護者、受験生の側は受けたい学校を示します。進学塾に通っていれば、塾の先生と相談されて志望校が決まっているでしょう。その志望校をメモしておいて示すようにすればスムースに話が進みます。

「公立はA校かB校、私立はC校かD校……、E校も考えています」などとお話しします。

生徒は志望校を伝えるときには、その学校に行ってなにをしたいかなど「熱い思い」をお話しするようにします。

あとで後悔しないように、「言いたいことは言う、尋ねたいことは尋ねる」姿勢でいきましょう。遠慮しないでとことん話しあってください。

三者面談での注意点は安全策に走りすぎないこと

さて、私立高校には、「学力試験で合否を決める学校」と「入試相談で合否をほぼ決める学校」の2種類があります。入試相談で合否を決める学校ということは、内申で合否を決める学校と言い換えることもできます。

前者は、推薦での定員が少ない難関校、上位校です。後者には残る大半の私立高校が入ります。

ですから、ほとんどの私立高校の合否は、じつは12月中旬の「入試相談」の段階で決まってしまうと言っても過言ではありません。

進む学校がここで決まるからこそ、入試相談を進めるときに注意してほしいことがあります。

それは三者面談が「安全志向」に走る傾向があるということです。

中学校の先生が、三者面談で最も力点を置くのは「その年度の卒業生全員を確実に高校に進学させる」ことです。ですから三者面談では、「入試相談のある学校」を「安全校」としてを強くすすめられます。

入試相談で私立高校側から「大丈夫です」と言ってもらえれば、ほぼ合格が約束されますから、受験生・先生ともに安心して受験に臨めるからです。

結果として、ほとんどの生徒が入試相談を利用し、安全校を確保することになります。

つまり、中学校の先生にとって、三者面談は「安全校を決めること」が最大の目的となっているのです。

私立高校の推薦入試では公立高校との併願は認めていません。一般入試でも公立高校との併願を認める学校があります（併願優遇制度）。

このような受験の場合、その私立高校に対して、中学校の先生から入試相談で話しておいてもらわなければなりません。

単願推薦の誘惑に負けずにチャレンジ

三者面談では中学校の先生はどうしても「安全志向」となり、その最たるものが「単願推薦」です。

「高校に合格したい」という意味で、中学校の先生と受験生の希望は一致しているのに、三者面談では、受験生と先生との間に意識の差が出てしまうことがあります。

受験生側の希望は「志望校に合格する」ことなのに、先生の考えは、極端に言えば「どこでもいいから合格させる」ことにあり、先生は本人の希望よりも「いかに合格しやすいか」を重視して三者面談に臨んでいるわけです。

私立高校の単願推薦は、中学校の先生との入試相談で受けることが決まれば「合格」です。

ただし、受験するのは「その学校のみ」ということになり、公立にしろ私立にしろ他の学校は受けられません。

中学校の先生にとって「単願推薦」での受験は、「確実な合格」と「最小限の受験校数」の2つを同時に実現する制度なのです。受験生にとっても、とてもいい制度のように思えます。その時点で受験勉強から解放されるからです。

受験が現実のものとなってくるこの時期、受験生はなかなか成果の出ない受験勉強に焦り、プレッシャーを感じています。「単願推薦」受諾は、その悩みを解消してくれるマジックです。中学校の先生から提案されれば、ついつい受けてしまいそうになるものです。

しかし、多くの場合、「単願推薦」で合格を約束してもらえる学校は、自分の本来の志望より一段レベルが落ちる学校です。

まだまだ、受験の2月までは実力は伸び続けるのに、いま、安易に走るのは考えものです。

もし三者面談で、学校の先生から「単願」の話が出たら、安易に飛びつく必要はありません。「もう少し考えさせてください」と、すぐには決めずに、自分はその高校に進学することで「いままでやってきたことはなんだったのか」「本当にその学校で満足なのか」をよく考え、塾の先生にも相談してみることです。

三者面談で最も大切なことは、「自分はどこの高校に行きたいのか」を、はっきりと先生に伝えることです。

とくに第1志望の学校については、自分の気持ちを強く伝えましょう。

そのうえで「私立高校の合格基準」と「現時点での成績」をもとに先生はアドバイスしてくれるはずです。中学校の先生と受験生は対立関係にあるわけではありません。学校選択に悩むようなら、先生がすすめる学校のなかから選択するのも1つの方法です。

ご提案型の教育旅行会社って？

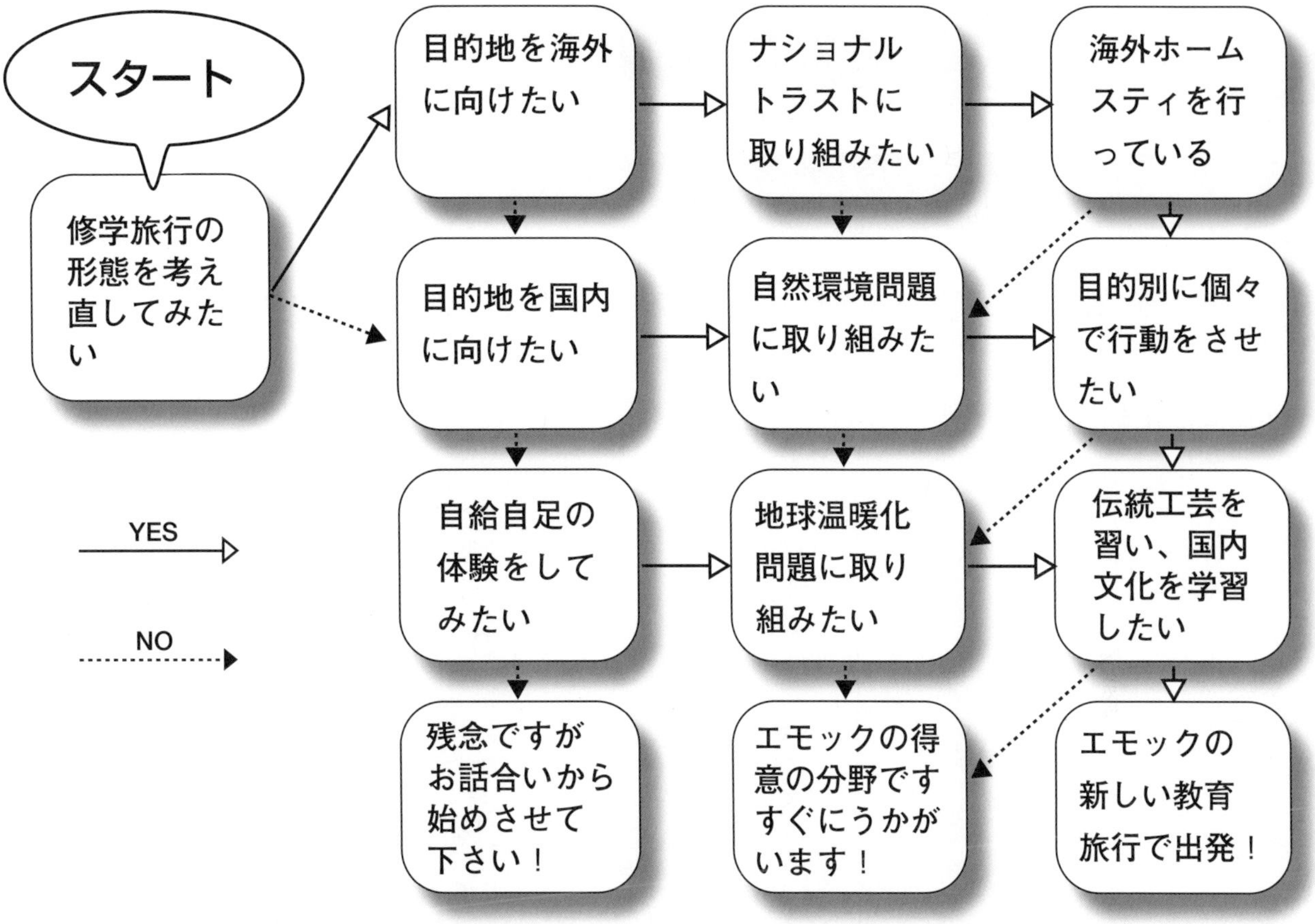
スタート
修学旅行の形態を考え直してみたい
目的地を海外に向けたい
ナショナルトラストに取り組みたい
海外ホームスティを行っている
目的地を国内に向けたい
自然環境問題に取り組みたい
目的別に個々で行動をさせたい
自給自足の体験をしてみたい
地球温暖化問題に取り組みたい
伝統工芸を習い、国内文化を学習したい
残念ですがお話合いから始めさせて下さい！
エモックの得意の分野ですすぐにうかがいます！
エモックの新しい教育旅行で出発！
YES
NO

従来の名所旧跡を訪ねる修学旅行から、最近ではさまざまなテーマを生徒個々または小グループごとにコンセプトメークしひとつの社会貢献の一環として、位置づける学習旅行へと形態移行しつつあります。

小社では国内及び海外の各種特殊業界視察旅行を長年の経験と実績で培い、これらのノウハウを学校教育の現場で取り入れていただき、保護者、先生、生徒と一体化した旅行づくりを行っております。

一例

- ●海、山、川の動物、小動物の生態系研究
- ●春の田植えと秋の収穫体験、自給自足のキャンプ
- ●生ごみ処理、生活廃水、産業廃棄物、地球温暖化などの環境問題研究
- ●ナショナルトラスト（環境保全施設、自然環境、道の駅、ウォーキング）
- ●語学研修（ホームスティ、ドミトリー、チューター付研修）など

[取扱旅行代理店] **（株）エモック・エンタープライズ**

担当：山本／半田

国土交通大臣登録旅行業第1144号
東京都港区西新橋1-19-3　第２双葉ビル２階
E-mail:amok-enterprise@amok.co.jp

日本旅行業協会正会員（JATA）
☎ 03-3507-9777（代）
URL:http://www.amok.co.jp/

9月号の答えと解説

問題 Q ジグソー・漢字クロス

パズル面に置かれているピースを手がかりに、周りにあるピースを空欄にあてはめて、クロスワードを完成させましょう。このとき、最後まで使われずに残るピースが１つあります。そのピースの記号を答えてください。

一	石						
安	■						
						■	想
						対	的

A

方	形
■	相

B

古	墳
車	■

C

■	長
一	髪

D

■	動
中	■

E

■	部
生	活

F

■	行
危	機

G

剋	上
■	昇

H

番	■
地	理

I

熱	気
■	流

J

二	鳥
言	■

K

円	■
高	飛

L

■	下
英	知

M

■	当
味	■

N

心	身
■	命

O

作	■
文	芸

解答 E

解説

パズルを完成させると、右のようになり、最後まで使わずに残るピースはEとなります。

＊言葉の解説

一石二鳥…（１つの石を投げて２羽の鳥を落とす意から）１つのことをして同時に２つの利益・効果をあげること。一挙両得。

下剋上…下の者が上の者に打ち勝って権力を手中にすること。とくに、室町中期から戦国時代にかけて現れた、伝統的な権威や価値を否定し、力によって権力を奪い取るという社会風潮をいう。

高飛車…相手に対して、高圧的な態度をとること。

危機一髪…もう少しで、危険な状態になるところであること。

二言《にごん》…前に言ったことと違うことを言うこと。

下知《げじ》…下の者に指図をすること。命令。

形相…顔かたち。表情。とくに、怒りや嫉妬など激しい感情の現れた顔つき。

一	石	二	鳥	■	下	剋	上
安	■	言	■	英	知	■	昇
心	身	■	動	作	■	熱	気
■	命	中	■	文	芸	■	流
円	■	古	墳	■	当	番	■
高	飛	車	■	味	■	地	理
■	行	■	長	方	形	■	想
危	機	一	髪	■	相	対	的

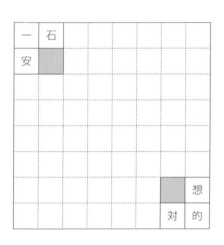

中学生のための

学習パズル

今月号の問題

立体パズル（立体の個数）

いくつかの同じ直方体を使って立体を組み立てました。下の図は、その立体をＡ～Ｃの３つの方向から見たときの様子を表しています。この立体では、それぞれの直方体はすき間なくつなげられていて、内部に空間はありません。

この立体を組み立てるために、何個の直方体が使われていますか。

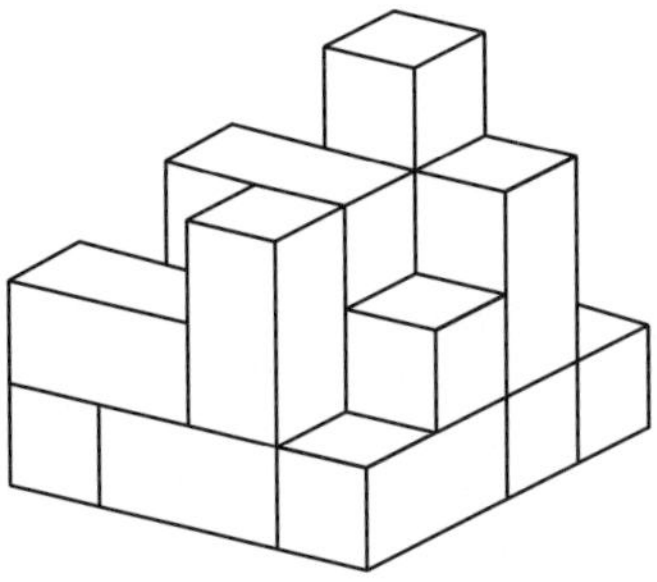

A

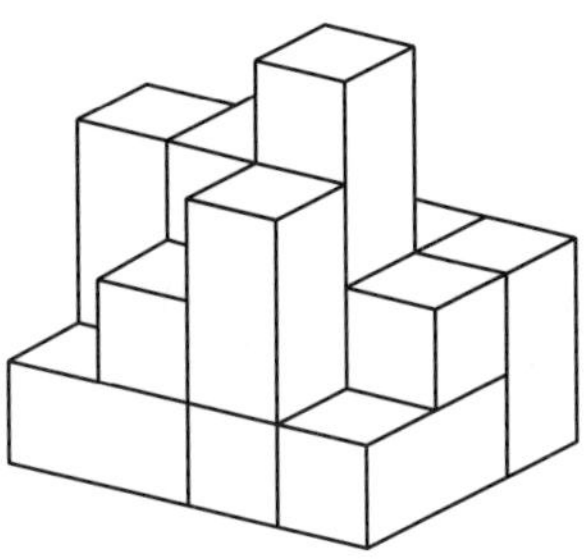

B

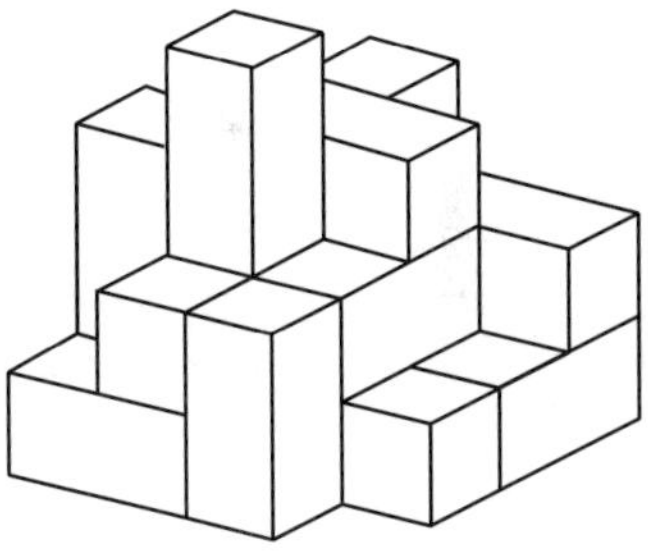

C

応募方法

左のQRコードからご応募ください。

◎正解者のなかから抽選で３名の方に図書カードをプレゼントいたします。

◎当選者の発表は本誌2017年1月号誌上の予定です。

◎応募締切日 2016年11月15日

9月号学習パズル当選者

全正解者79名

松田　隆さん（中３・東京都世田谷区）

久保　輪真さん（中２・東京都葛飾区）

山田　真輝さん（中２・茨城県笠間市）

に挑戦!!

聖《しょう》徳《とく》学《がく》園《えん》高等学校

問題

下の図のように，放物線$y = ax^2$上に３点A，B，Cがある。線分ABはx軸に平行で，三角形AOBは面積が16の直角二等辺三角形，三角形ABCは面積が48となった。

次の各問に答えなさい。

(1) 点Bの座標を求めなさい。

(2) aの値を求めなさい。

(3) 点Cの座標を求めなさい。

(4) 原点を通り，四角形OACBの面積を２等分する直線の式を求めなさい。

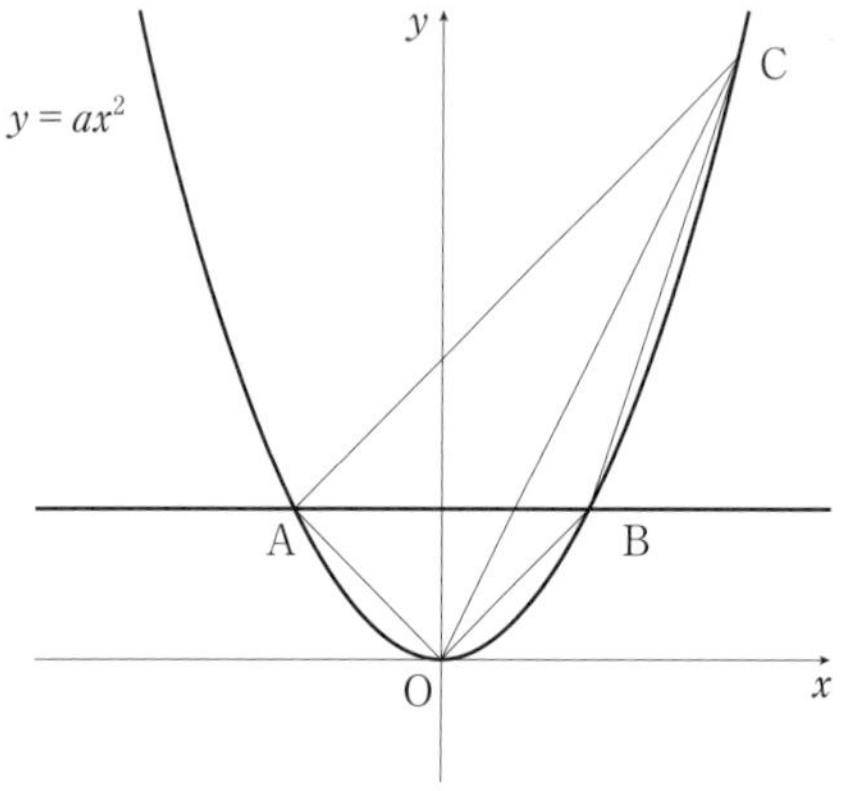

解答 (1) B（4，4） (2) $a = \frac{1}{4}$ (3) C（8，16） (4) $y = 3x$

■ 東京都武蔵野市境南町2-11-8
■ JR中央線・西武多摩川線「武蔵境駅」徒歩３分
■ 0422-31-5121
■ https://www.shotoku.ed.jp/

学校説明会　要予約

10月22日（土）　14：30～16：00
11月５日（土）　10：00～11：30
11月26日（土）　14：30～16：00

イブニング説明会　要予約

両日とも18：00～19：00
11月14日（月）　12月２日（金）

相談会

12月３日（土）　10：00～17：00
12月４日（日）　12：00～16：00
12月５日（月）　15：00～18：00
12月６日（火）　15：00～18：00
12月10日（土）　10：00～17：00

中《ちゅう》央《おう》大《だい》学《がく》附《ふ》属《ぞく》高等学校

問題

ある規則に従い，次のように数を並べる。

1，1，2，3，1，2，3，4，5，1，2，3，4，5，6，7，1，2……

このとき，次の問いに答えなさい。

ただし，必要ならば下の例を参考にしてよい。

（例） $1 + 3 + 5 = 3^2$ ，　$1 + 3 + 5 + 7 = 4^2$ ，　$1 + 3 + 5 + 7 + 9 = 5^2$

(1) 最初から数えて，2016番目の数を求めなさい。

(2) 最初の数から2016番目の数までに，28は何個あるか求めなさい。

解答 (1) 80 (2) 31個

■ 東京都小金井市貫井北町3-22-1
■ JR中央線「武蔵小金井駅」徒歩18分またはバス、西武新宿線「小平駅」バス
■ 042-381-5413
■ http://chu-fu.ed.jp/

学校説明会

10月29日（土）　13：00
11月19日（土）　14：30
※生徒によるキャンパスツアー、個別質問コーナーあり。校内・クラブ活動自由見学可

私立高校の入試問題

栄《さかえ》東《ひがし》高等学校

問題

次の$\boxed{\text{ア}}$～$\boxed{\text{キ}}$にあてはまる数字を答えなさい。

1辺の長さが1の立方体ABCD－EFGHに対して，4点A，C，F，Hを結んでできる四面体ACFHを考える。

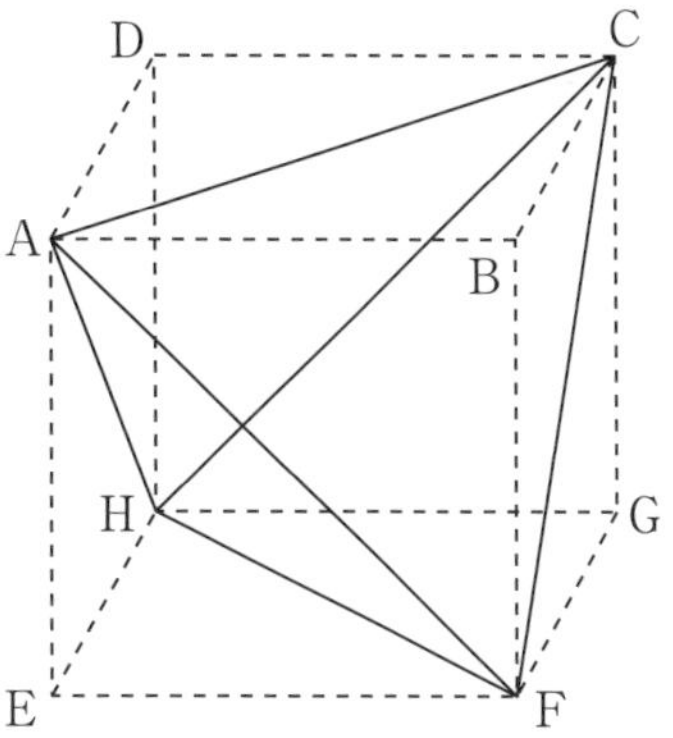

(1) 四面体ACFHの体積は$\dfrac{\boxed{\text{ア}}}{\boxed{\text{イ}}}$である。

(2) 線分BHと四面体ACFHの交点のうち，点Hでないほうを点Pとする。線分PHの長さは$\dfrac{\boxed{\text{ウ}}\sqrt{\boxed{\text{エ}}}}{\boxed{\text{オ}}}$である。

(3) 辺ABの中点をMとする。3点D，H，Mを通る平面で立体を切ったとき，四面体ACFHの切り口の面積は$\dfrac{\sqrt{\boxed{\text{カ}}}}{\boxed{\text{キ}}}$である。

解答 (1) ア1、イ3 (2) ウ2、エ3、オ3 (3) カ5、キ6

■ 埼玉県さいたま市見沼区砂町2-77
■ JR宇都宮線「東大宮駅」徒歩8分
■ 048-651-4050
■ http://www.sakaehigashi.ed.jp/

学校説明会
11月12日（土） 14：00～15：30

入試説明会
12月11日（日） 14：00～15：30

進学相談会 要予約
11月19日（土） 9：00～16：00
12月17日（土） 9：00～16：00

体験学習（受験生対象）要予約
12月11日（日） 9：50～12：50

実《じっ》践《せん》学《がく》園《えん》高等学校

問題

各組の英文がほぼ同じ意味になるように、それぞれの（　）に最も適した単語を入れなさい。

1．I got to the station in about five minutes.
It (　) (　) about five minutes to get to the station.

2．Mr.Brown wrote this book. It is very interesting.
The book (　) (　) Mr.Brown is very interesting.

3．Paul is the tallest student in his class.
Paul is (　) than (　) other student in his class.

4．Shall I carry your bag?
Do you (　) (　) to carry your bag?

5．Do they teach Chinese at that school?
(　) Chinese (　) at that school?

解答 1 took me 2 written by 3 taller, any 4 want me 5 is, taught

■ 東京都中野区中央2-34-2
■ 地下鉄丸ノ内線・都営大江戸線「中野坂上駅」徒歩5分、JR中央・総武線「東中野駅」徒歩10分
■ 03-3371-5268
■ http://www.jissengakuen-h.ed.jp/

入試説明会
すべて14：00
11月5日（土） 11月19日（土）
11月26日（土） 12月3日（土）
※校内自由見学可、要上履き

みんなのお便りコーナー

Letter section

サクセス広場

テーマ

秋の思い出

通学路にあるイチョウ並木。毎年きれいなんだけど、**ギンナン**のにおいが強烈で…。でも、その道を通るのも今年がラストなので、においも味わっておこうと思います。
（中３・茶碗蒸しさん）

中学生になってからは部活動があって行ってないけど、前は毎年秋になると家族で**京都**に。子どもでもわかるぐらいに紅葉がキレイなんです。
（中３・旅行したいさん）

小学生のころ、学校で作った**焼きイモ**の味が忘れられない。やっぱ秋はイモでしょ！
（中１・IMOさん）

昨年、おばあちゃんから**モミジ**を押し花にしたしおりをもらいました。かわいくて昨年は秋の間ずっと愛用してたので、今年も使おうかな♪
（中２・メイプル鋼さん）

ウチでは秋になると母親がこれでもかと**サンマ**を食卓に出してくるようになります。わかりやすい（笑）。
（中２・さんまのまんまさん）

小学生のころ、落ち葉を集めて紙に貼って自分だけの**落ち葉図鑑**を作っていました！　また作ろうかなぁ～。
（中１・ぷ～めろさん）

テーマ

一番好きな学校行事

合唱コンクールが結構好き。去年だめだったから、今年こそは最優秀めざすぞ！　けど自由曲でノリノリな曲を歌うと、ノッてきて１人だけ声が大きくなっていくのが気になる…。
（中２・吟選せうゆさん）

学校行事というか、じつは**テスト**が大好きです。だって早く家に帰れて昼寝ができる！　もちろん勉強もしてますよ！
（中２・野比のび夫さん）

私の学校では学校行事として**田植えや稲刈り**をします。しかも毎年です。自分たちの手で収穫したお米のおいしさはたまらないですよ～。
（中２・米マイさん）

やっぱ**体育祭**でしょ！　勉強に自信がないぼくが活躍する唯一の日です！
（中３・キンニくんさん）

私の学校では年に２回**狂言**を観に行きます。寝てる人も多いけど、私は大好き！
（中２・野村萬斎観てみたいさん）

テーマ

宝くじで３億円当たったら

もう１回３億円が当たるように、１億円ぶん**宝くじを買う！**　でも実際はそんな勇気なくて貯金してそう。
（中３・堅実なんですさん）

家を建てる。家に**露天風呂**をつけるのが夢なのでつけて、ほかのところも自分好みの家にしたい。あと宇宙旅行もいきたい。３億円あったらいけるはず！
（中１・E.T.さん）

ファーストクラスに乗って**世界一周！**　世界遺産をひたすら見に行く。
（中１・くぅーちゃんさん）

お寿司が大好きなので、値段を気にせず好きなネタを食べまくりたい。もちろん回ってないお店で。
（中１・オオトロさん）

ディズニーランドを貸しきって遊ぶ！　アトラクションも並ばずに乗り放題で、ショーも特等席で見る！
（中３・ゆかミニーさん）

１億は寄付。１億は両親に。あとの１億は**サッカーのユニフォーム**集めだな。
（中３・ユニフォーム意外と高いさん）

必須記入事項

A／テーマ、その理由　B／郵便番号・住所
C／氏名　D／学年　E／ご意見、ご感想など

右のQRコードからケータイ・スマホでどしどしお寄せください！
住所・氏名は正しく書いてください!!
ペンネームは氏名のうしろに（　）で書いてネ！
【例】サク山太郎（サクちゃん）

Present!!
掲載された方には抽選で**図書カード**をお届けします！

募集中のテーマ

「いま一番ほしいものは？」
「冬になると食べたくなるもの」
「こんな場所に住みたい！」

応募〆切 2016年11月15日

ここから応募してね！

ケータイ・スマホから上のQRコードを読み取って応募してください。

世間で注目のイベントを紹介

サクセス イベントスケジュール 10月～11月

モミジ

秋は紅葉の季節。そろそろ、モミジが色づき始めるころだね。日本人がモミジと聞いて思い浮かべるのは、じつはイロハモミジというカエデ科の植物のこと。カエデ科の植物には、樹液からメープルシロップを作ることができるサトウカエデなど色々な種類があるよ。

1

2

3

4

5

6
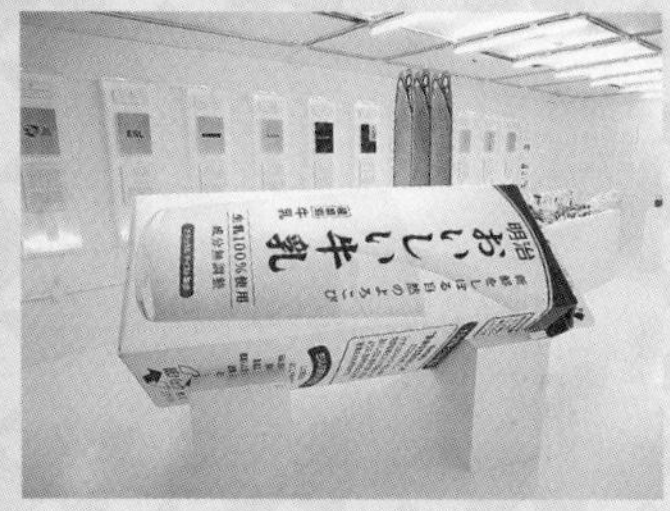

1 アメリカ屈指の美術館

デトロイト美術館展
大西洋を渡ったヨーロッパの名画たち
10月7日（金）～1月21日（土）
上野の森美術館

自動車産業で有名なアメリカ・デトロイトにあるデトロイト美術館は、アメリカで初めてゴッホやマティスといったヨーロッパの巨匠作品を購入した公共美術館として知られている。展覧会では、同館のコレクションから、ゴッホ、マティス、モネ、ルノワール、ゴーギャン、セザンヌ、ピカソなど印象派・後期印象派の作品が見られる。Ⓟ5組10名

2 新たな戦国時代像を紹介

戦国時代展
A Century of Dreams
11月23日（水祝）～1月29日（日）
東京都江戸東京博物館

歴史ファン必見の展覧会が開催されるよ。テーマは戦国時代。各地で戦国武将が台頭し、戦乱が続き国の秩序が乱れた時代という印象が強い。しかし、近年の研究では、列島各地へ文化的、経済的な発展を促した時代として見直されているんだ。各地の貴重な歴史資料や美術工芸品の展示を通して戦国時代を網羅的に紹介。歴史の勉強にもなるよ。Ⓟ5組10名

3 美術品が語る王妃の真実

ヴェルサイユ宮殿《監修》
マリー・アントワネット展
10月25日（火）～2月26日（日）
森アーツセンターギャラリー

国王ルイ16世の王妃という座にありながら、フランス革命で処刑される悲劇的な運命を生きた、マリー・アントワネット。その激動の生涯を、肖像画、食器や漆器、家具、衣服などの王妃ゆかりの美術品や資料とともにたどる。王妃が暮らしたヴェルサイユ宮殿が企画・監修を担当した充実の内容は、彼女の真実の姿を浮かびあがらせる。Ⓟ5組10名

4 禅の真髄に触れる

臨済禅師1150年・白隠禅師250年遠諱記念
特別展「禅－心をかたちに－」
10月18日（火）～11月27日（日）
東京国立博物館

大乗仏教の一派である禅宗について紹介する特別展がもうすぐ始まるよ。東京国立博物館で実施されるこの展覧会では、鎌倉時代から江戸時代までの禅の歴史をたどるとともに、日本各地の禅宗寺院の名宝を紹介。その内容は、国宝22件、重要文化財102件というから驚きだ。現代でも多くの人々の心の支えとなっている禅。その真髄に触れてみよう。

5 世紀の大発見を体感

特別展 世界遺産 ラスコー展
～クロマニョン人が残した洞窟壁画～
11月1日（火）～2月19日（日）
国立科学博物館

約２万年前に描かれたラスコー壁画は、クロマニョン人による壁画のなかでも群を抜いた規模と表現技術を残しており、世界遺産にも指定されている。しかし、現在は壁画保存のため非公開。展覧会では、そんなラスコー洞窟の全貌を、大画面の映像シアターや高精度で再現した壁画などで紹介。実物大でよみがえる太古の傑作を体感できる。Ⓟ5組10名

6 身近な製品のデザインに注目

デザインの解剖展：
身近なものから世界を見る方法
10月14日（金）～1月22日（日）
21_21 DESIGN SIGHT

グラフィックデザイナーの佐藤卓が2001年（平成13年）から取り組んでいるプロジェクト「デザインの解剖」は、私たちの暮らしに溶け込んでいる多くの製品を、デザインの視点で解剖するように読み解き、そこに込められた多彩な工夫を探る内容だ。展覧会では、これまでの解剖の成果と、新たに「株式会社明治」の５つの製品に着目する。

1 アンリ・マティス《窓》1916年 City of Detroit Purchase　**2** 米沢本　川中島合戦図屏風　左隻（部分）米沢市上杉博物館蔵　※前期（11月23日～12月25日）展示　**3** エリザベト=ルイーズ・ヴィジェ・ル・ブラン《王妃マリー・アントワネット》1778年 ブルトゥイユ城 ©吉田タイスケ/NTV　**4** 国宝《玳玻天目》（たいひてんもく） 吉州窯　中国・南宋時代 12世紀 京都・相国寺蔵　通期展示　**5** 実物大で再現される壁画「黒い牝ウシ」 ©SPL Lascaux international exhibition　**6** 「デザインの解剖4：明治乳業（現：明治）明治おいしい牛乳」（2003年8月13日～9月8日、松屋銀座 デザインギャラリー1953）（Photo：Ayumi Okubo/parade-inc.）

招待券プレゼント！ Ⓟマークのある展覧会・イベントの招待券をプレゼントします。93ページ「学習パズル」にあるQRコードからご応募ください。（応募締切2016年11月15日）。当選者の発表は賞品の発送をもってかえさせていただきます。

○ 目標・目的から逆算された学習計画

マイスタ・個別進学館は早稲田アカデミーの個別指導ブランドです。個別指導の良さは、一人ひとりに合わせた指導。自分のペースで苦手科目・苦手分野の学習ができます。しかし、目標には必ず期日が必要です。そこで、期日までに必要な学習内容を終えるための、逆算された学習計画が必要になります。早稲田アカデミーの個別指導では、入塾の際に長期目標／中期目標を保護者・お子様との面談を通じて設定し、その目標に向かって学習計画を立てることで、勉強への集中力を高めるようにしています。

○ 集団授業のノウハウを個別指導用にカスタマイズ

マイスタ・個別進学館の学習カリキュラムは、早稲田アカデミーの集団授業のカリキュラムを元に、個別指導用にカスタマイズしたカリキュラムです。目標達成までに何をどれだけ学習するかを明確にし、必要な学習量を示し、毎回の授業・宿題を通じて目標に向けて学習し続けるためのモチベーションを維持していきます。そのために早稲田アカデミー集団校舎が持っている『学習する空間作り』のノウハウを個別指導にも導入しています。

○ 難関校にも対応

マイスタ・個別進学館は進学個別指導塾です。早稲田アカデミー教務部と連携し、難関校と呼ばれる学校の受験をお考えのお子様の学習カリキュラムも作成します。また、早稲田アカデミーオリジナルの難関校向け教材も、カリキュラムによっては使用することができます。

ウッキー!!

Success15 fifteen Back Number

サクセス15 バックナンバー好評発売中！

高校受験ガイドブック2016⑩
早稲田アカデミー 提携
Success15
夢が広がる高校選びの情報満載！
サクセス15
じつは特徴がたくさん
公立高校のよさ、知っていますか？
規模がケタ違い！
これが大学の学園祭だ！
SCHOOL EXPRESS
東京都立八王子東高等学校
FOCUS ON
神奈川県立厚木高等学校

2016 10月号

じつは特徴がたくさん
公立高校のよさ、知ってる？
これが大学の学園祭だ！

SCHOOL EXPRESS 東京都立八王子東

FOCUS ON 神奈川県立厚木

2016 9月号

世界を体感！
視野が広がる！
海外語学研修の魅力
文化祭へレッツゴー！

SCHOOL EXPRESS 埼玉県立大宮

FOCUS ON 市川

2016 8月号

生活面から勉強面まで
夏休み攻略の手引き
語彙力アップのススメ

SCHOOL EXPRESS 筑波大学附属

FOCUS ON 埼玉県立春日部

2016 7月号

役立つヒントがいっぱい！
作文・小論文の
書き方講座
いろいろな
オリンピック＆甲子園

SCHOOL EXPRESS 千葉県立千葉

FOCUS ON 東京都立白鷗

2016 6月号

高校入試にチャレンジ！
記述問題特集
頭を柔らかくして
解いてみよう

SCHOOL EXPRESS お茶の水女子大学附属

FOCUS ON 神奈川県立希望ケ丘

2016 5月号

難関校合格者に聞く
ぼくの私の合格体験談
今日から始める
7つの暗記法

SCHOOL EXPRESS 埼玉県立浦和第一女子

FOCUS ON 東京都立国際

2016 4月号

大学で国際教養を
身につけよう
読むと前向きに
なれる本

SCHOOL EXPRESS 開成

FOCUS ON 神奈川県立多摩

2016 3月号

読めばバッチリ
高校入試の案内板
2015年を振り返る
ニュースの時間

SCHOOL EXPRESS 慶應義塾高

FOCUS ON 神奈川県立光陵

2016 2月号

いよいよ本番！
高校入試総まとめ
中学生のための検定ガイド

SCHOOL EXPRESS 千葉県立東葛飾

FOCUS ON 中央大学附属

2016 1月号

過去問演習で
ラストスパート
サクラサク合格必勝アイテム

SCHOOL EXPRESS 東京都立日比谷

FOCUS ON 法政大学高

2015 12月号

世界にはばたけ！
SGH大特集
苦手でも大丈夫!! 国・数・英の楽しみ方

SCHOOL EXPRESS 埼玉県立浦和

FOCUS ON 中央大学高

2015 11月号

高校受験
あと100日の過ごし方
シャーペン・ザ・ベスト10

SCHOOL EXPRESS 東京都立国立

FOCUS ON 國學院大學久我山

2015 10月号

社会と理科の
分野別勉強法
図書館で、本の世界を旅しよう！

SCHOOL EXPRESS 東京都立戸山

FOCUS ON 明治大学付属中野

2015 9月号

どんな部があるのかな？
高校の文化部紹介
集中力が高まる8つの方法

SCHOOL EXPRESS 神奈川県立横浜翠嵐

FOCUS ON 中央大学杉並

2015 8月号

夏休み
レベルアップガイド
作ってみよう！夏バテを防ぐ料理

SCHOOL EXPRESS 早稲田大学本庄高等学院

FOCUS ON 法政大学第二

2015 7月号

参加しよう
学校説明会etc
中学生のための手帳活用術

SCHOOL EXPRESS 東京都立西

FOCUS ON 青山学院高等部

これより前のバックナンバーはホームページでご覧いただけます（http://success.waseda-ac.net/）

How to order
バックナンバーのお求めは

バックナンバーのご注文は電話・FAX・ホームページにてお受けしております。詳しくは104ページの「information」をご覧ください。

＜コーナー名＞

＜本文中記事＞

Success15

From Editors

夏も終わり、すっかり秋になりましたね。もう少したてばあっという間に冬がやってきますが、それまでは過ごしやすい季節のなかで、勉強に部活動に、学校生活を楽しんでください。

さて、今回の巻頭特集では、中学の各学年で苦手になりがちな英語の単元を３つずつ選び、その学習ポイントをまとめました。苦手な単元を学び直すときに苦労することの１つに、どこから手をつければいいかということがあると思います。押さえるべきところがまとまっていれば、またつまずいたりしても、すぐに立ち戻ってチェックすることができます。取り上げたなかに苦手な単元があった人は、ぜひ活用してみてください。　（C）

11月号

Next Issue 12月号

Special 1

将来の職業から
大学の学部を
考えてみよう

Special 2

文豪ゆかりの地を歩く

SCHOOL EXPRESS

渋谷教育学園幕張高等学校

FOCUS ON

埼玉県立川越女子高等学校

※特集内容および掲載校は変更されることがあります

Information

『サクセス15』は全国の書店にてお買い求めいただけますが、万が一、書店店頭に見当たらない場合は、書店にてご注文いただくか、弊社販売部、もしくはホームページ（右記）よりご注文ください。送料弊社負担にてお送りします。定期購読をご希望いただく場合も、上記と同様の方法でご連絡ください。

Opinion, Impression & etc

本誌をお読みになられてのご感想・ご意見・ご提言などがありましたら、ぜひ当編集室までお声をお寄せください。また、「こんな記事が読みたい」というご要望や、「こういうときはどうしたらいいの」といったご質問などもお待ちしております。今後の参考にさせていただきますので、よろしくお願いいたします。

サクセス編集室お問い合わせ先

TEL : 03-5939-7928　　FAX : 03-5939-6014

高校受験ガイドブック 2016⑪サクセス 15

発行　2016 年 10 月 15 日　初版第一刷発行
発行所　株式会社グローバル教育出版
〒 101-0047 東京都千代田区内神田 2-4-2
ＴＥＬ　03-3253-5944
ＦＡＸ　03-3253-5945
http://success.waseda-ac.net
e-mail　success15@g-ap.com
郵便振替口座番号　00130-3-779535
編集　サクセス編集室
編集協力　株式会社 早稲田アカデミー

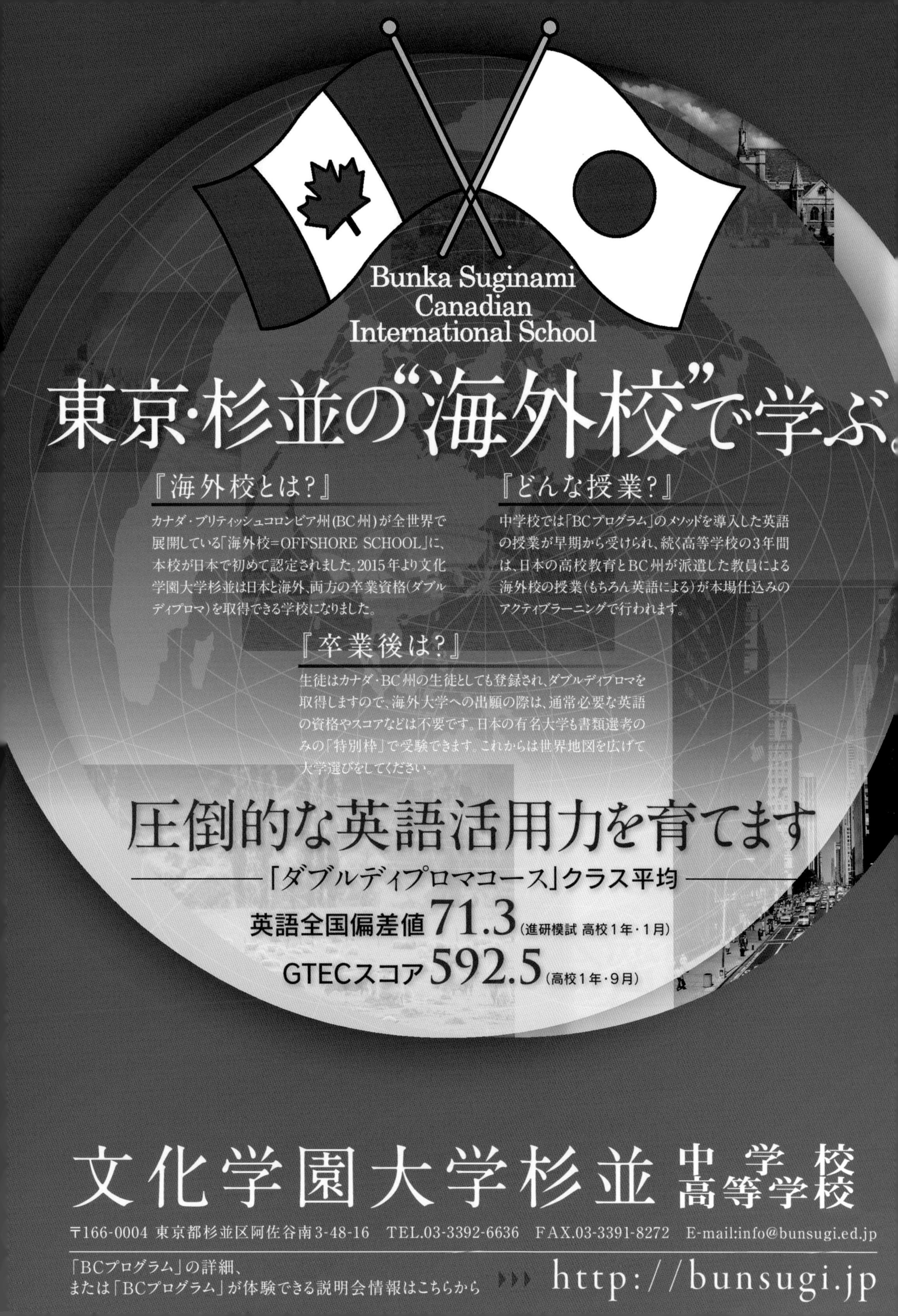
Bunka Suginami
Canadian
International School
東京・杉並の“海外校”で学ぶ。
『海外校とは?』
カナダ・ブリティッシュコロンビア州(BC州)が全世界で展開している「海外校=OFFSHORE SCHOOL」に、本校が日本で初めて認定されました。2015年より文化学園大学杉並は日本と海外、両方の卒業資格(ダブルディプロマ)を取得できる学校になりました。
『どんな授業?』
中学校では「BCプログラム」のメソッドを導入した英語の授業が早期から受けられ、続く高等学校の3年間は、日本の高校教育とBC州が派遣した教員による海外校の授業(もちろん英語による)が本場仕込みのアクティブラーニングで行われます。
『卒業後は?』
生徒はカナダ・BC州の生徒としても登録され、ダブルディプロマを取得しますので、海外大学への出願の際は、通常必要な英語の資格やスコアなどは不要です。日本の有名大学も書類選考のみの「特別枠」で受験できます。これからは世界地図を広げて大学選びをしてください。
圧倒的な英語活用力を育てます
「ダブルディプロマコース」クラス平均
英語全国偏差値71.3(進研模試 高校1年・1月)
GTECスコア592.5(高校1年・9月)
文化学園大学杉並 中学校 高等学校
〒166-0004 東京都杉並区阿佐谷南3-48-16 TEL.03-3392-6636 FAX.03-3391-8272 E-mail:info@bunsugi.ed.jp
「BCプログラム」の詳細、
または「BCプログラム」が体験できる説明会情報はこちらから
http://bunsugi.jp

ISBN978-4-86512-102-5

C6037 ¥800E

定価：本体800円+税

グローバル教育出版